# Bürger oder Genossen?

*Carlo Schmid und Hedwig Wachenheim-
Sozialdemokraten trotz bürgerlicher Herkunft*

# GÖTTINGER JUNGE FORSCHUNG

Schriftenreihe des Göttinger Instituts für Demokratieforschung

Herausgegeben von Dr. Matthias Micus

ISSN 2190-2305

1  *Stine Harm*
   Bürger oder Genossen?
   Carlo Schmid und Hedwig Wachenheim - Sozialdemokraten trotz bürgerlicher Herkunft
   ISBN 978-3-8382-0104-7

**In Vorbereitung:**

*Benjamin Seifert*
Träume vom modernen Deutschland
Horst Ehmke, Reimut Jochimsen und die Planung des Politischen in der ersten Regierung Willy Brandts
ISBN 978-3-8382-0105-4

*Frauke Schulz*
„Im Zweifel für die Freiheit"
Aufstieg und Fall des Seiteneinsteigers Werner Maihofer in der FDP
ISBN 978-3-8382-0111-5

*Daniela Kallinich*
Die politische Karriere von Nicolas Sarkozy
ISBN 978-3-8382-0122-1

*Ralf Schönfeld*
Bundeskanzleramtschefs im Machtgeflecht von Partei und Fraktion, Kanzler und Koalition
Ein Vergleich zwischen Friedrich Bohl, Frank-Walter Steinmeier und Thomas de Maizière
ISBN 978-3-8382-0116-0

Stine Harm

# BÜRGER ODER GENOSSEN?

Carlo Schmid und Hedwig Wachenheim -
Sozialdemokraten trotz bürgerlicher Herkunft

*ibidem*-Verlag
Stuttgart

**Bibliografische Information der Deutschen Nationalbibliothek**
Die Deutsche Nationalbibliothek verzeichnet diese Publikation in der
Deutschen Nationalbibliografie; detaillierte bibliografische Daten sind im
Internet über http://dnb.d-nb.de abrufbar.

Bibliographic information published by the Deutsche Nationalbibliothek
Die Deutsche Nationalbibliothek lists this publication in the Deutsche Nationalbibliografie;
detailed bibliographic data are available in the Internet at http://dnb.d-nb.de.

Coverabbildungen:
Portrait von Carlo Schmid. Quelle: Bundesarchiv, B 145 Bild-F038387-0008 /
Fotograf: Detlef Gräfingholt. Abdruck mit freundlicher Genehmigung.
Portrait von Hedwig Wachenheim. Ein etwaiger Rechteinhaber konnte trotz
sorgfältiger Nachforschungen nicht ermittelt werden. Personen oder Institutionen,
die Rechte an dieser Abbildung haben, mögen sich bitte mit dem ibidem-Verlag in
Verbin0dung setzen.

Gedruckt auf alterungsbeständigem, säurefreien Papier
Printed on acid-free paper

ISSN: 2190-2305

ISBN-10: 3-8382-0104-3
ISBN-13: 978-3-8382-0104-7

© *ibidem*-Verlag
Stuttgart 2010

Alle Rechte vorbehalten

Das Werk einschließlich aller seiner Teile ist urheberrechtlich geschützt. Jede Verwertung
außerhalb der engen Grenzen des Urheberrechtsgesetzes ist ohne Zustimmung des Verlages
unzulässig und strafbar. Dies gilt insbesondere für Vervielfältigungen,
Übersetzungen, Mikroverfilmungen und elektronische Speicherformen sowie die
Einspeicherung und Verarbeitung in elektronischen Systemen.

All rights reserved. No part of this publication may be reproduced, stored in or introduced into a retrieval
system, or transmitted, in any form, or by any means (electronic, mechanical, photocopying, recording or
otherwise) without the prior written permission of the publisher. Any person who does any unauthorized act
in relation to this publication may be liable to criminal prosecution and civil claims for damages.

Printed in Germany

# Eine neue Kultur des Schreibens

*Idee*

„Göttinger Junge Forschung", unter diesem Titel firmiert eine Publikationsreihe des „Instituts für Demokratieforschung", das am 1. März 2010 an der Georg-August-Universität in Göttingen gegründet worden ist. Ein Ziel dieses Institutes ist die Synthese zwischen Universität *und* Gesellschaft, Politik *und* Wissenschaft, Forschung *und* Öffentlichkeit.

In einem solchen Sinne sind auch die Bände der „Göttinger Jungen Forschung" als Scharnier gedacht. Junge Wissenschaftler können aus der universitären Eigenwelt heraustreten und einer breiteren Öffentlichkeit die Resultate ihrer Forschungen präsentieren. Sie können zeigen, dass sie die Techniken wissenschaftlichen Arbeitens beherrschen – und gleichzeitig zu farbigen und ausdrucksstarken Formulierungen fähig sind. Das mag feuilletonistisch klingen und manchem Kollegen unseriös anmuten. Doch meint die Synthese, wie sie uns vorschwebt und durch die Publikationsreihe promoviert werden soll, nicht zuletzt dies: auf eine manierierte Fachsprache weitestgehend zu verzichten, den exklusiven Sonderjargon zumindest dort zu unterlassen, wo er zur Präzisierung nicht erforderlich ist, und – jedenfalls wo das möglich ist, ohne die Interpretationen übermäßig zu verkürzen oder zu trivialisieren – stattdessen spannend und originell zu formulieren.

*Inspiration*

Am neu gegründeten „Institut für Demokratieforschung" verankert, steht diese Buchreihe zugleich in der Tradition der „Göttinger Schule" der Politikwissenschaft. Was ist damit gemeint, wodurch zeichnet sich der so titulierte politikwissenschaftliche Ansatz aus? Als in den 1990er Jahren in der Politikwissenschaft die Bezeichnung „Göttinger Schule" aufkam, bezog sich das vor allem auf die Milieustudien der Göttinger Parteienforscher. Unter Rückgriff auf das Milieukonzept war es gelungen, die zeitgenössische Stabilität der bundesrepublikanischen Parlamentsparteien bei Wahlen, die starke Bindung ihrer Sympathisanten, ebenso parteipolitische Feindbilder und grundlegende Überzeugungen vor allem durch die eigenkulturelle Abschottung der Parteien und ihrer Anhänger in parallelgesellschaftlichen Organisationsnetzwerken zu erklären. Die Hochphasen der klar voneinander separierten Milieus mochten zum Zeitpunkt der Betrachtung weit zurückliegen, die Ideologien und Mythen längst verblasst sein, die alten Feste und Bräuche allenfalls noch erinnert, nicht aber mehr demonstrativ gepflegt werden – vielfach modifiziert, transformiert und dem Gesellschaftswandel angepasst, besaßen emotionale Milieuresiduen trotzdem immer noch Erklärungskraft für die Analyse regionaler Wählerhochburgen sowie zur Untersuchung beispielsweise der Besonderheiten des sozialstrukturellen Profils der Parteimitglieder wie auch des politischen Selbstverständnisses der Parteianhänger.

Die wegweisenden Analysen zu den Milieus korrespondierten mit bestimmten Forschungsschwerpunkten, die bis heute unverändert im Fokus der Göttinger Politikwissenschaft stehen. Milieus siedeln im Schnittfeld verschiedener Ursachen, Einflüsse und Wirkungen. Wer auf sie sein Augenmerk richtet, der kommt an Parteien nicht vorbei, den, nach der klassischen Formulierung von M. Rainer Lepsius, „politischen Aktionsausschüssen"[1] der Milieus. Auch Fragen der politischen Kultur sind schnell bei der Hand, wo erklärt werden muss, warum die eine Gesellschaft organisatorisch gestützte, sämtliche Lebensbereiche umfassende Vergemeinschaftungen hervorbringt, die andere dagegen nicht; oder weshalb manche Bevölkerungsgruppen eine Affinität zur Selbstausgrenzung in einer introvertierten Separatkultur zeigen, die anderen fremd ist.

Und insofern Milieus nicht von selbst, gleichsam voraussetzungslos und aus dem Nichts heraus, entstehen, sondern Ergebnisse bewussten Organisationshandelns sind, liegen auch Untersuchungen zu politischer Führung nahe, wenn von Milieus die Rede ist. Politische Anführer agieren nicht im luftleeren Raum, sie sind in institutionelle Strukturen und kulturelle Kontexte eingebun-

---

[1] Lepsius, M. Rainer: Parteiensystem und Sozialstruktur. Zum Problem der Demokratisierung der deutschen Gesellschaft, in: ders.: Demokratie in Deutschland, Göttingen 1993, S.25-50, hier: S.37.

den und können – wie im 19. Jahrhundert bereits Otto von Bismarck wusste – den Strom der Zeit nicht schaffen, sondern allenfalls auf ihm steuern. Doch immer dann, wenn sich der gesellschaftliche Wandel beschleunigt, wenn lange Bewährtes überständig und vermeintliche Sicherheiten brüchig werden, dort also, wo sich die berühmten Gelegenheitsfenster öffnen – in diesen Momenten kommt es dann doch auf die individuellen Fähigkeiten der politischen Führungspersonen an, da vermögen der Instinkt und die Weitsicht, die Chuzpe, Entschlusskraft und das Verhandlungsgeschick, kurz: der Machtwille und die politische Tatkraft Einzelner den Geschichtsfluss umzuleiten und neue Realitäten zu schaffen.

Obwohl nun die Göttinger Politikwissenschaft in den vergangenen Jahren sukzessive ihr Blickfeld erweitert und immer weitere Dimensionen in ihre Analysen integriert hat, bilden die alten Kernbereiche unverändert das Zentrum der Göttinger Forschungen. Thematisch werden die in diese Reihe aufgenommenen Arbeiten daher um folgende Untersuchungsgebiete kreisen: An Fallbeispielen werden Möglichkeiten und Grenzen, biographische Hintergründe und Erfolgsindikatoren politischer Führung untersucht. Kulturelle Phänomene, beispielsweise die Gestalt und Wirkung gesellschaftlicher Generationen, werden ebenso Thema sein wie auch klassische Organisationsstudien aus dem Bereich der Parteien- und Verbändeforschung.

*Sprache*

Gleichwohl: Seit einiger Zeit wird die Bezeichnung „Göttinger Schule" breiter verwendet, als ihr Kennzeichen gilt heute nicht mehr die Beschäftigung mit Milieus oder spezifischen, klar abgrenzbaren Inhalten an sich, sondern allgemeiner ein spezifischer Darstellungsstil, der Forschungsergebnisse für ein interessiertes, fachfremdes Publikum aufarbeitet und die Vermittlung der akademischen Erkenntnisse weit über die engen Grenzen der eigenen Disziplin in die Öffentlichkeit hinein anstrebt. Die „Göttinger Schule" steht für die Lust an der öffentlichen Einmischung und den Verzicht auf akademische Wortungetüme. Dabei bedeutet der eher lockere, essayistische Stil nicht, dass die Texte rasch oder unbedacht heruntergeschrieben würden. Eher im Gegenteil: Sozialwissenschaftliche Phänomene spannend darzustellen ist harte Arbeit. Man muss sich hinsetzen, die Gedanken in fesselnde Sätze verwandeln, die Sinn ergeben, welche zudem der Komplexität des untersuchten Gegenstandes gerecht werden und den Leser dennoch zum Umblättern veranlassen. Um Barbara Tuchman zu zitieren: „Das ist mühselig, langsam, oft schmerzlich und manchmal eine Qual. Es bedeutet ändern, überarbeiten, erweitern, kürzen, umschreiben."[2]

Diese Ausdrucksweise zu fördern, und in Anbetracht des dominanten Präsentationsstiles der zeitgenössischen Sozialwissenschaften könnte man etwas hochtrabend auch von einer neuen „Kultur des Schreibens" sprechen, ist ein zentrales Anliegen der vorliegenden Buchreihe. Schreiben, davon sind wir überzeugt, lernt man nur durch die Praxis des Schreibens. Praxis des Schreibens heißt aber Veröffentlichung, und die Möglichkeit zu einer frühen Publikation und gleichzeitig zu einem frühzeitigen Training sowie Nachweis der eigenen Vermittlungskompetenz soll mit der Reihe „Göttinger Junge Forschung" geboten werden.

Es liegt nun nahe, dieses Ziel, eine neue Kultur des Schreibens herauszubilden, nicht kurzfristig anzustreben. Ebenso offensichtlich wird die bloße Absichtsbekundung, verständlichere und lesbarere Texte zu verfassen und sich verstärkt in die öffentlichen Diskurse einzumischen, zunächst einmal wenig bewirken. Perspektivisch wird es vielmehr darum gehen müssen, eine neue Generation von Politik- und Sozialwissenschaftlern zu begründen, deren Talente zu Vermittlung und Transfer ihrer Forschungsresultate, zum melodiösen Schreiben wie auch zu wirkungsvoller öffentlicher Intervention von Anfang an während des Studiums weiterzuentwickeln sind. In diesem Sinne hat die Buchreihe die Funktion, vorhandene Begabungen im Umfeld des Göttinger „Instituts für Demokratieforschung" durch die reizvolle Offerte einer frühzeitigen Publikation gezielt zu – horribile dictu – fördern und fordern.

---

[2] Tuchman, Barbara: In Geschichte denken, Frankfurt a.M. 1984, S.27.

*Offenheit*

Kreativ schreiben aber kann nur, wer beizeiten seine Gedanken schweifen lässt. Die neue Kultur des Schreibens verträgt sich daher nicht mit der Neigung zu starrer Kategorienbildung, der Glättung realer Widersprüche in konstruierten Systemen und scheinexaktem Schubladendenken, wie sie in den Sozialwissenschaften verbreitet sind. Die Autoren dieser Reihe arbeiten daher mit methodisch sehr viel offeneren Verfahren, die als „dichte Beschreibung" oder „aufmerksame Beobachtung" apostrophiert werden können. Die aufmerksame Beobachtung gleicht einer Entdeckungsreise in unbekannte Erkenntnisfelder. Es wird aufzunehmen, festzuhalten und zu berücksichtigen versucht, was in einer konkreten Handlungssituation geschieht. Der Fluchtpunkt ist das Aufspüren und Sichtbarmachen von möglichen Zusammenhängen. Kann die aufmerksame Beobachtung insofern mit einem Weitwinkelobjektiv verglichen werden, so ist die dichte Beschreibung der Zoom. Alles das, was für die gewählte Fragestellung entbehrlich ist, wird herausgefiltert und der Rest zu einer fesselnden Erzählung komponiert. Mithilfe von Faktenkenntnis, Einfühlungsvermögen und Vorstellungskraft werden die Zusammenhänge und Bedeutungen hinter den Details sichtbar gemacht, durch die Konzentration auf das Wesentliche und die scharfe erzählerische Konturierung zunächst verschwimmender Linien die Leser in den Bann geschlagen.

In diesem Sinne setzen die Autoren der Reihe „Göttinger Junge Forschung" auf die Integration ganz unterschiedlicher Aspekte, Sichtweisen und Methoden, um das für komplexe Probleme charakteristische Zusammenspiel multipler Faktoren analysieren und die internen Prozesse eines Systems – die sogenannte "black box" – verstehen zu können. Menschliches Handeln ist häufig unlogisch, politische Entscheidungen entspringen nicht selten Zufällen. Der Gefahr, Nuancen einzuebnen und Geradlinigkeit zu behaupten, wo tatsächlich Unebenheiten dominieren, kann man nur durch forschungspragmatische Offenheit entgehen. Einer interessanten, anregenden, inspirierenden Darstellung und also dem Genuss bei der Lektüre kommt das ohnehin zugute.

Matthias Micus
Göttingen, im April 2010

# Inhaltsverzeichnis

1 Einleitung .................................................................................................11

   1.1 Außenseiter, Mitarbeiter oder Wegweiser? Die Fragestellung .............11

   1.2 Was können wir wissen über „Bürger" in der Arbeiterpartei?
       Der Forschungsstand ..............................................................................13

   1.3 Warum ausgerechnet Hedwig Wachenheim und Carlo Schmid?
       Die Fallauswahl .....................................................................................18

   1.4 Wovon ist die Rede? Die Klärung der Begriffe ......................................20

2 Ein Leben vor der Partei ..........................................................................25

   2.1 Hedwig Wachenheim:
       Sozialisation im „großbürgerlich-liberalen Milieu" ................................25

   2.2 Carlo Schmid: ein Bildungsbürger „par excellence" ..............................32

3 Auf dem Weg in die Sozialdemokratie ....................................................36

   3.1 Hedwig Wachenheim: eifriger Beitritt in jungen Jahren .......................36

       3.1.1 Das Erweckungserlebnis ...............................................................36

       3.1.2 Der politische Mentor und persönliche Wegbegleiter
            Ludwig Frank ................................................................................42

       3.1.3 Zum Parteieintritt verführt
            durch „wahre Helden" und Abenteuerlust ....................................44

   3.2 Carlo Schmid: Besser spät als nie – Genosse mit 50 Jahren ................47

       3.2.1 Schuldgefühle oder Zufälle –
            Schmids Eintritt in ein politisches Leben ......................................47

       3.2.2 Ressourcen seiner bürgerlichen Herkunft .....................................51

       3.2.3 Darum war Schmid in der SPD .....................................................57

   3.3 Unterschiedliche Wege, ähnliche Motive, gleiches Ziel?
       Erste Zusammenfassung ........................................................................60

4 Wie aus „Bürgern" Sozialdemokraten wurden ............................................. 64

    4.1 Hedwig Wachenheim: ein Leben für die Weimarer Sozialdemokratie .. 64

        4.1.1 Genossin und kein Abbruch zum Herkunftsmilieu ....................... 64

        4.1.2 Der Druck wächst ............................................................................ 66

        4.1.3 Der Beginn der Sozialdemokratisierung ........................................ 69

        4.1.4 Öffentlichkeitsarbeit für die Sozialdemokratische Partei ............... 74

        4.1.5 Wachenheim in Parteiämtern .......................................................... 79

        4.1.6 Sozialdemokratin mit bürgerlicher Lebensweise ........................... 84

        4.1.7 Abschied von der Solidargemeinschaft .......................................... 86

    4.2 Carlo Schmid:
        der politische Star und das sozialdemokratische Sternchen ................... 89

        4.2.1 Schmid in der Partei: gefördert und eingebunden .......................... 89

        4.2.2 Der Jurist ordnet sich in die Reihen der Genossen ein .................. 95

        4.2.3 Carlo Schmid fremdelt mit den Genossen ................................... 100

        4.2.4 Den Differenzen zum Trotz: Schmid hält sich an Bord .............. 104

        4.2.5 Der bürgerliche Sozialdemokrat wird noch einmal gebraucht ...... 107

        4.2.6 Bildungsbürger waren nicht mehr gefragt .................................... 111

5 Zusammenfassung und Schlussfolgerung ........................................................ 115

Dank ........................................................................................................................ 120

Anhang ................................................................................................................... 122

    Abkürzungsverzeichnis .................................................................................... 122

    Quellen- und Literaturverzeichnis ................................................................... 123

        Nachlass Wachenheim und Schmid ............................................................ 123

        Gedruckte Quellen ...................................................................................... 124

        Literaturverzeichnis .................................................................................... 125

# 1 Einleitung

## 1.1 Außenseiter, Mitarbeiter oder Wegweiser? Die Fragestellung

Auf den ersten Blick könnte man meinen, zwischen Hedwig Wachenheim, aus einer Mannheimer Bankiersfamilie stammend, und Carlo Schmid, der in Perpignan geborene Sohn eines Lehrerehepaars, haben nicht viele Gemeinsamkeiten bestanden. Während sich die eine in der Weimarer Republik für die Arbeiterwohlfahrt engagierte und zeitweise sogar ein sozialdemokratisches Abgeordnetenmandat im Preußischen Landtag wahrnahm, studierte der andere erfolgreich bis zur Habilitation Jura und wurde Völkerrechtler am Kaiser-Wilhelm-Institut. Wachenheim floh vor den Nationalsozialisten in das amerikanische Exil, Schmid hingegen lehrte als Privatdozent in Tübingen und war von 1940-1944 Mitglied der deutschen Besatzungsmacht in Nordfrankreich. Nach dem Ende des Zweiten Weltkrieges forschte Wachenheim an der Universität in Berkeley über die Geschichte der deutschen Arbeiterbewegung, Carlo Schmid aber setzte sich für den verfassungsrechtlichen Neuanfang in der zukünftigen Bundesrepublik ein, trat der SPD bei und wurde schließlich einer der beliebtesten Bundestagsabgeordneten.

Jedoch existieren durchaus interessante Ähnlichkeiten und Parallelen zwischen diesen Persönlichkeiten. Sowohl Hedwig Wachenheim als auch Carlo Schmid sind durch eine bürgerliche Herkunft geprägt worden. Sie wuchsen mit spezifischen Normen, Wertvorstellungen und Praktiken der Lebensführung auf, die sie, zumal im Kaiserreich und der Weimarer Republik, eigentlich in schroffe Frontstellung zur Sozialdemokratischen Partei hätten führen müssen: hier die durch Bildung und Besitz privilegierte Klasse, dort die von der Hand in den Mund lebenden Arbeiter, die durch Revolution eben diese bürgerlichen Privilegien abschaffen wollten. Bemerkenswert ist, wie Wachenheim und Schmid – die zuvor keinerlei Berührungspunkte mit der Sozialdemokratie hatten – den Weg in die Partei des „Klassenfeindes" fanden. Sie waren habituell eigentlich weit von der Sozialdemokratie entfernt und wagten sich dennoch in das Terrain der stolzen Arbeiterbewegung vor.

Dieser Gegensatz ist der eigentlich außergewöhnliche, beide Biografien vereinigende Moment. Ebendeshalb werden hier Hedwig Wachenheim und Carlo Schmid nebeneinandergestellt. Es geht darum, die historischen Lebensgeschichten der zwei systematisch nach Ähnlichkeiten und Unterschieden zu untersuchen, um auf dieser Grundlage zu einer möglichst zuverlässigen Beschreibung und Erklärung zu gelangen.[1] Konkret soll danach gefragt werden, warum zwei Menschen mit einer bürgerlichen Herkunft ihr Leben der Arbeiterpartei widmeten und wie ihnen der Übergang in eine ihnen fremde Welt gelang. Auf welche Assimilations- und Integrationsstrategien griffen die „Bürger" Wachenheim und Schmid zurück, um in der „sozialdemokratischen Solidargemeinschaft" beziehungsweise in dem „sozialdemokratischen Milieu" zu reüssieren? Oder scheiterten sie gar an den scheinbar unüberwindbaren Klassengegensätzen? Gab es Mentoren oder Wegbegleiter, die sie in die Geheimnisse der Partei einweihten? Welche strukturellen Ressourcen aber auch Restriktionen beeinflussten ihren Handlungsspielraum als sozialdemokratische Politiker? Dabei soll auch betrachtet werden, ob und gegebenenfalls wie sich ihre Lebensführung und ihr Habitus während der Tätigkeit in der Partei veränderte und welche politische Bedeutung sowie Wirkung die „Bürgerlichen" auf die Arbeiterpartei erlangten.[2]

---

[1] Zu den (Un-) Möglichkeiten eines historischen Vergleichs exemplarisch: Daum, Werner/ Rieder, Günter/ Seggern, Harm von: Fallobst und Steinschlag, Einleitende Überlegungen zum historischen Vergleich, in: Schnabel-Schüle, Helga (Hg.): Vergleichende Perspektiven Perspektiven des Vergleichs, Studien zur Geschichte von der Spätantike bis ins 20. Jahrhundert, Mainz 1998, S. 1-21.

[2] Dabei geht es nicht um die in der Literatur kontrovers diskutierte Frage der „Verbürgerlichung" des Proletariats. Denn diese kann mit dem hier gewählten Zugriff nicht untersucht werden. Vgl. zur Thematik der „Verbürgerlichung" exemplarisch: Beetham, David: Reformism and the 'Bourgeoisifications' of the Labour Movement, in: Levy, Carl (Hg.): Socialism and the Intelligentsia 1880-1914, London/ New York 1987, S.106-134.; Lutz, Burkhart: Integration durch Aufstieg, Überlegungen zur Verbürgerlichung der deutschen Facharbeiter in den Jahrzehnten nach dem Zweiten Weltkrieg, in: Hettling, Manfred/ Ulrich, Bernd (Hg.): Bürgertum nach 1945, Hamburg 2005, S. 284-309.; Nipperdey, Thomas: Wie das Bürgertum die Moderne fand, Berlin 1988.

## 1.2 Was können wir wissen über „Bürger" in der Arbeiterpartei? Der Forschungsstand

Bereits 1894 stellte Karl Kautsky fest, dass die Begründer der Sozialdemokratie, Marx, Engels und Lassalle, der Intelligenz respektive dem Bürgertum entstammten.[3] Und auch er selbst, wie die Liebknechts bis zu Clara Zetkin, waren eigentlich „Überläufer" aus einer „bürgerlichen Welt". Doch all jene standen am Beginn einer Bewegung, in der sie – wie es Puschnerat am Beispiel Zetkins herausgearbeitet hat – die revolutionären bürgerlichen Ideen von 1789 und 1848 weiterführen wollten.[4] Ein von Facharbeitern geprägtes „sozialdemokratisches Milieu" mit einer spezifischen Lebensform und Mentalität, in dem die Bürgerlichen fraglos durch einen anderen Habitus aufgefallen wären, bildete sich erst in der Zeit der Sozialistengesetze heraus, verfestigte sich gegen Ende des Kaiserreiches und erreichte seine Hochzeit in der Weimarer Republik. Erst in dieser „sozialen Einheit", mit einer bestimmten „kulturellen Orientierung und schichtspezifischen Zusammensetzung"[5], können Ambivalenzen, Missverständnisse und Spannungen entstehen, wenn „gegnerische Milieuvertreter" eindringen.

Funktionen, Rollen und Selbstverständnisse der Sozialdemokraten mit bürgerlicher Herkunft, auch die ihnen entgegengebrachten Vorurteile und Ressentiments innerhalb der Arbeiterpartei scheinen bisher nicht systematisch und epochenübergreifend untersucht worden zu sein. Lediglich Altena setzt sich in einem Aufsatz über die niederländischen Sozialdemokraten mit der Rolle der „Bürger-Sozialisten" auseinander. Seine Ergebnisse aber sind allein schon aufgrund der unterschiedlichen Entwicklungsgeschichte der Sozialde-

---

[3] Kautsky, Karl: Die Intelligenz und die Sozialdemokratie, in: Die Neue Zeit 13 (1894-95) 1, S. 10-16, 43-49, 74-80, S. 12.

[4] Puschnerat, Tânia: Clara Zetkin, Bürgerlichkeit und Marxismus, Eine Biographie, Essen 2003, S. 388.

[5] Wie Lepsius den Begriff des Milieus umreißt: Vgl. Lepsius, Rainer M.: Parteiensystem und Sozialstruktur, Zum Problem der Demokratisierung der deutschen Gesellschaft, in: Ritter, Gerhard Albert (Hg.): Die deutschen Parteien vor 1918, Köln 1973, S. 56-80, S. 68.

mokratie in den beiden Ländern nicht auf die deutschen Verhältnisse übertragbar.

Ferner existieren einige Studien über das Verhältnis zwischen Intellektuellen und Akademikern sowie der „sozialdemokratischen Solidargemeinschaft".[6] Zumindest für das Kaiserreich gilt uneingeschränkt und für die Weimarer Republik bedingt, dass dieser Berufsgruppe eine bürgerliche Herkunft zugeschrieben werden kann, sodass hier einige Ableitungen möglich sind. Auch in den Gesamtdarstellungen der Partei sowohl im Kaiserreich, der Weimarer Republik und der Bundesrepublik lassen sich Angaben über die soziale Zusammensetzung und Herkunft der Mitglieder und Funktionäre finden.[7] Daneben vermitteln einige Porträts und Biografien über Sozialdemokraten mit „bürgerlichen Wurzeln" Anhaltspunkte, beispielsweise von Siegfried Marck, Ernst Heilmann, Anna Siemsen, Adolf Arndt oder Karl Schiller.[8]

---

[6] Vgl. Walter, Franz: Sozialistische Akademiker- und Intellektuellenorganisationen in der Weimarer Republik, in: Lösche, Peter (Hg.): Solidargemeinschaft und Milieu: Sozialistische Kultur- und Freizeitorganisationen in der Weimarer Republik, Bd. 1, Bonn 1990.; Gilcher-Holtey, Ingrid: Das Mandat des Intellektuellen, Karl Kautsky und die Sozialdemokratie, Berlin 1986.; Dies.: Intellektuelle in der sozialistischen Arbeiterbewegung, Karl Kautsky, Heinrich Braun und Robert Michels, in: Rojahn, Jürgen (Hg.): Marxismus und Demokratie, Karl Kautskys Bedeutung in der sozialistischen Arbeiterbewegung, Frankfurt am Main 1992, S. 373-390.; Grebing, Helga: Jüdische Intellektuelle und ihre politische Identität in der Weimarer Republik, in: Mitteilungsblatt des Instituts für soziale Bewegung (2005) 34, S. 11-24.; Alemann, Ulrich von/ Cepl-Kaufmann, Gertrude/ Hecker, Hans u.a. (Hg.): Intellektuelle und Sozialdemokratie, Opladen 2000.

[7] Vgl. Welskopp, Thomas: Das Banner der Brüderlichkeit, Die deutsche Sozialdemokratie vom Vormärz bis zum Sozialistengesetz, Bonn 2000.; Ritter, Gerhard/ Tenfelde, Klaus: Arbeiter im Deutschen Kaiserreich 1971 bis 1914, Bonn 1992. Winkler, Heinrich August: Von der Revolution zur Stabilisierung, Arbeiter und Arbeiterbewegung in der Weimarer Republik 1918 bis 1924, Berlin/ Bonn 1984.; Ders.: Der Schein der Normalität, Arbeiter und Arbeiterbewegung in der Weimarer Republik 1924 bis 1930, Berlin/ Bonn 1985.; Ders.: Der Weg in die Katastrophe, Arbeiter und Arbeiterbewegung in der Weimarer Republik 1930 bis 1933, Berlin/ Bonn 1987.; Lösche, Peter/ Walter, Franz: Die SPD, Klassenpartei, Volkspartei, Quotenpartei, Darmstadt 1992.

[8] Vgl. Walter, Franz: Siegfried Marck (1889-1957), Linkssozialist, Realpolitiker und Neuhumanist, in: Lösche, Peter/ Scholing, Michael/ Walter, Franz (Hg.): Vor dem Vergessen bewahren, Lebenswege Weimarer Sozialdemokraten, Berlin 1988, S. 251-279.; Lösche, Peter: Ernst Heilmann (1881-1940), Parlamentarischer Führer und Reformsozialist, in: Lösche, Peter/ Scholing, Michael/ Walter, Franz (Hg.): Vor dem Vergessen bewahren, Lebenswege Weimarer Sozialdemokraten, Berlin 1988, S. 99-120.; Schmölders, Ralf: Anna Siemsen (1882-1951), Zwischen den Stühlen: eine sozialdemokratische Pädagogin, in: Lösche, Peter/

Doch so richtig kann der Forschungsstand auf die Fragestellung keine Antworten geben.⁹ Intellektuelle, verstanden als „[…] Sinndeuter und Sinnvermittler, die, im Dienste eines Ideals stehend an der Umsetzung daraus abgeleiteter allgemeiner und abstrakter Wertvorstellungen in spezifizierter Verhaltensweisen mitwirken […]"¹⁰, standen zu häufig außerhalb der Partei, scheuten die Übernahme von Funktionen, engagierten sich nur punktuell – dies galt sowohl für Heinrich Braun und Robert Michels, als auch für Günter Grass und Walter Jens.¹¹ Und auch umgekehrt war die Partei nicht darauf erpicht, dass „die Intelligenz", zu der sie auch Ärzte oder andere akademische Berufe zählt, im „Parteidienst" mitmischte.¹² Daher sind sowohl die Möglichkeiten einer konkreten Mitarbeit der Genossen mit bürgerlicher Herkunft als auch etwaige Spannungsfelder innerhalb der Partei zwischen proletarischem und bürgerlichem Habitus unterbelichtet. Ein ähnliches Problem trifft auch auf die Untersuchung der Sozialistischen Studentenschaft, des Verbandes sozialdemokratischer Akademiker und des Vereins sozialistischer Ärzte zu. Vielfach konnten

---

Scholing, Michael/ Walter, Franz (Hg.): Vor dem Vergessen bewahren, Lebenswege Weimarer Sozialdemokraten, Berlin 1988, S. 332-361.; Gosewinkel, Dieter: Adolf Arndt, Die Wiederbegründung des Rechtsstaats aus dem Geist der Sozialdemokratie (1945-1961), Bonn 1991.; Weber, Petra: Carlo Schmid und Adolf Arndt, Zwei Intellektuelle in der SPD, ein Fallbeispiel, in: Alemann, Ulrich von/ Cepl-Kaufmann, Gertrude/ Hecker, Hans u.a. (Hg.): Intellektuelle und Sozialdemokratie, Opladen 2000, S. 167-179. Lütjen, Torben: Karl Schiller (1911 - 1994), "Superminister" Willy Brandts, Bonn 2007.

9 Eine Ursache könnte auch darin liegen, dass in Deutschland die Geschichte des Bürgertums und der Sozialdemokratischen Partei beinahe über zwei Jahrzehnte von verschiedenen Historikergruppen untersucht worden ist und zum anderen der Untersuchungsgegenstand „Bürgerliche in der Arbeiterpartei" viele Jahre gar nicht in das Selbstverständnis der Partei passte. Auch der von Jürgen Kocka herausgegebene Sammelband mit dem vielversprechenden Titel „Arbeiter und Bürger" liefert keine befriedigenden Antworten. Das historische Kolleg, dessen Ergebnisse in dem Sammelband zusammengefasst wurden, untersuchte, wie sich bürgerliche Verhaltensweisen und Einstellungen auf die Lage, Erfahrung, Aktionen und Organisationen der Arbeiter auswirkten sowie Kontakte zwischen Arbeitern und Bürgern. Eine Betrachtung des Bürgertums beziehungsweise einzelner Protagonisten dieses Milieus blieb auch an dieser Stelle aus. Vgl. Kocka, Jürgen: Einleitung, in: Kocka, Jürgen unter Mitarbeit von Elisabeth Müller-Luckner (Hg.): Arbeiter und Bürger im 19. Jahrhundert, Varianten ihrer Verhältnisse im europäischen Vergleich, München 1986, S. IV-XIV.

10 Gilcher-Holtey: Intellektuelle in der sozialistischen Arbeiterbewegung, S. 374.

11 Dass Karl Kautskys Funktion als Parteiintellektueller wohl kaum widerholbar erschien, konstatierte auch Gilcher-Holtey, vgl. ebd., S. 390.

12 Kautsky: Die Intelligenz und die Sozialdemokratie, S. 79.

die Mitglieder dieser Milieuorganisationen zwar eine bürgerliche Herkunft vorweisen, dennoch steht die Organisation und ihre Entwicklung in der Weimarer Republik im Fokus der Untersuchung, nicht das Individuum mit seinen spezifischen Werthaltungen, Motiven und Einflussmöglichkeiten. Die Bindung der Bürgerlichen an die Sozialdemokratie jenseits von Texten und Organisationseinheiten soll daher hier im Mittelpunkt stehen.

Eine etwas individuellere Sichtweise nimmt Welskopp in seiner Geschichte der Arbeiterbewegung ein. So stellt er einerseits fest, dass sogenannte „randständige Intellektuelle", die sozialdemokratische Boheme, Studenten, Intellektuelle mit abgebrochener Ausbildung und wechselhaften Karrieren zwar aktive Mitglieder in der Arbeiterbewegung des Kaiserreiches gewesen seien, diese aber entweder jüngere, nicht arrivierte Vertreter ihres Herkunftsmilieus waren oder kaum Aussichten auf erfolgreiche bürgerliche Lebensläufe gehabt hätten. Folgt man Welskopp, seien nur „nicht arrivierte" und „randständige" Bürger von der Sozialdemokratie angezogen worden.[13] Das Bild der Marginalisierten, beispielsweise aus verarmten oder jüdischen Familien der Bourgeoisie, die es in die ebenfalls am Rande der bürgerlich-kapitalistischen Welt stehenden Partei zog, wird auch in den erwähnten Porträts gezeichnet. Dennoch ignoriert dieser Ansatz, dass bürgerliche Frauen mit den besten Heiratsaussichten, wie beispielsweise Toni Sender oder Toni Pfülf im ersten Jahrzehnt des 20. Jahrhunderts Mitglieder der Sozialdemokratie wurden.[14] Daher soll diese Arbeit auch einen kleinen Beitrag zur Erhellung der Frage leisten, welche Antriebsmotoren oder Motive es neben der Marginalisierung gegeben haben könnte, die bürgerliche Lebenswelt für die Sozialdemokratie zu verlassen. Überdies soll die These von Welskopp, der davon ausgeht, dass die Kulturtechnik der bürgerlichen Sozialdemokraten und deren radikaldemokratische

---

[13] Welskopp: Das Banner der Brüderlichkeit, S. 151-167, S. 175.
[14] Vgl. zu Toni Sender und Toni Pfülf: Miller, Susanne: Toni Sender (1988-1964), Vielseitige Erfahrungen und praktischer Idealismus, in: Lösche, Peter/ Scholing, Michael/ Walter, Franz (Hg.): Vor dem Vergessen bewahren, Lebenswege Weimarer Sozialdemokraten, Berlin 1988, S. 315-331.; Dertinger, Antje: Toni Pfülf (1877-1933), Geschichte einer Recherche in: Lösche, Peter/ Scholing, Michael/ Walter, Franz (Hg.): Vor dem Vergessen bewahren, Lebenswege Weimarer Sozialdemokraten, Berlin 1988, S. 280-298.

Hingabe diese mit einem natürlichen Führungspotenzial ausgestattet habe, kritisch hinterfragt werden.[15]

Auch für die Zeit nach 1945 liegen für die Fragestellung keine detaillierten Studien vor. Wir wissen lediglich, dass größtenteils die alte Sozialdemokratie von gelernten Facharbeitern und kleineren kaufmännischen Angestellten mit Volksschulabschluss wieder aufgebaut wurde, sich erneut der „Stallgeruch der Weimarer Solidargemeinschaft" ausbreitete.[16] Arrivierte Intellektuelle wie Carlo Schmid waren also wahrscheinlich ebenso selten in der Partei aktiv wie in der Weimarer Republik. Und es stellt sich die Frage, ob hier die bürgerliche Intelligenz eine ähnliche Wirkung auf die Sozialdemokratie hatte wie noch zwanzig Jahre zuvor, ob sie auch nach 1945 eine „Verhärtung des Klassenkampfstandpunktes" bedeutete, wie einige Untersuchungen für die 1920er Jahre nahelegen.[17]

---

[15] Vgl. Welskopp: Das Banner der Brüderlichkeit, S. 53, 175.

[16] Lösche, Peter/ Walter, Franz: Klassenpartei - Volkspartei - Quotenpartei, Zur Entwicklung der Sozialdemokratie von Weimar bis zur deutschen Vereinigung, Darmstadt 1992, S. 135-137.

[17] So wie es Lösche und Walter in ihren zahlreichen Untersuchungen über die Weimarer Sozialdemokratie herausarbeiteten. Vgl. exemplarisch: Lösche, Peter/ Walter, Franz: Zur Organisationskultur der sozialdemokratischen Arbeiterbewegung in der Weimarer Republik, Niedergang der Klassenkultur oder solidargemeinschaftlicher Höhepunkt?, in: Geschichte und Gesellschaft 15 (1989), S. 511-536, hier S. 528.

## 1.3 Warum ausgerechnet Hedwig Wachenheim und Carlo Schmid? Die Fallauswahl

Anhand der Forschungsliteratur ist es also kaum möglich, Aussagen über das konkrete Verhältnis von „bürgerlichen Genossen" und der Sozialdemokratie zu treffen. Auch deshalb nicht, weil sich Untersuchungen auf diesem Gebiet meist nur auf eine Epoche beschränken. Daher soll mittels der vorliegenden Fallauswahl auch der Versuch unternommen werden, über die sich im Zeitverlauf verändernde Arbeiterbewegung und ihr Verhältnis zu den bürgerlichen „Konvertiten"[18] Auskunft zu geben.

Offensichtliche Theoriedefizite und der Mangel an empirischen Gewissheiten legen es daher nahe, mithilfe einer Fallstudie Erkenntnisse zu generieren, um anschließend vielleicht einige Hypothesen zu formulieren. Auch die signifikanten Unterschiede zwischen Wachenheim und Schmid können im Gang der Untersuchung zum Erkenntnisgewinn beitragen. So wird sowohl der Weg eines Mannes als auch der einer Frau innerhalb der Arbeiterpartei ausgeleuchtet, der einer Nichtakademikerin und der eines „Kopfarbeiters". Aber beide, ob nun 1914 oder 1946 der Partei beigetreten, waren, erstens, nicht in ihrer „bürgerlichen Welt" marginalisiert und traten, zweitens, von Beginn an in den Dienst der Partei, übernahmen Ämter und Funktionen, waren quasi „Aktivmitglieder"[19]. Daher können hier Habitus, Lebensführung und eventuell ihre Rückkoppelung an die „bürgerliche Welt" untersucht werden. Und gerade weil Wachenheim und Schmid doch einige Unterschiede, aber eben auch Gemeinsamkeiten aufweisen, wie im Lauf der Untersuchung immer wieder verdeutlicht werden soll, wird an dieser Stelle mit Bude formuliert, dass sich die zu untersuchende Struktur in jedem Fall reproduziert und die Allgemeinheit des Falls durch die Rekonstruktion der Lebenssituation zutage gefördert werden

---

[18] Wie Franz Walter und Peter Lösche diese Sozialdemokraten betiteln. Vgl. ebd.
[19] Ein Unterschied, den bereits Welskopp in seiner Untersuchung hervorhebt. Vgl. Welskopp: Das Banner der Brüderlichkeit, S. 181.

kann.[20] Die Fallstudie soll gewissermaßen als biografische Erzählung fungieren[21], die Verallgemeinerungen über sich ähnelnde Persönlichkeiten zulässt[22] und ein Scharnier bildet zwischen Akteur und Milieu, zwischen individueller und kollektiver Praxis[23].

Hedwig Wachenheim, die von 1891 bis 1961 lebte, und Carlo Schmid, der 1896 geboren wurde und Wachenheim um 18 Jahre überlebte, gehörten beinahe einem Generationszusammenhang an.[24] Doch gemeinsam hätte man die beiden keineswegs in der Sozialdemokratie antreffen können: Hedwig Wachenheims aktive Zeit in der Partei lag in der Weimarer Republik, Carlo Schmids hingegen in der Bundesrepublik. Somit verschiebt sich der chronologische Blickwinkel in der Untersuchung immer wieder. Und obwohl die Protagonisten in ungleichen temporalen Ebenen agierten, sind doch trotz aller einmaliger Begebenheiten, charakteristische Konflikte und persönlicher Abenteuer in ihren Lebensgeschichten in sich wiederholende Vorgaben angelegt. So lässt sich danach fragen, was entweder für Wachenheim oder für Schmid, aber auch für Wachenheim und Schmid zusammen eigentümlich war. Es können Wiederholungsstrukturen offengelegt, unterschieden und gegeneinander abgewogen werden, um möglichst sachgerecht zu urteilen.[25]

---

[20] Bude, Heinz: Die individuelle Allgemeinheit des Falls, in: Franz, H.-W. (Hg.): Soziologie und gesellschaftliche Entwicklung, 22. Deutscher Soziologentag, Opladen 1985, S. 84-88, S. 85f.

[21] Erzählung hier verstanden als Darstellungsform, für die das zeitliche Nebeneinander von beschreibbaren Ereignissen und verstehbaren Handlungen zentral ist. Vgl. Kocka, Jürgen: Zurück zur Erzählung?, Plädoyer für historische Argumentation, in: Geschichte und Gesellschaft 10 (1984), S. 395-408.

[22] Appelius, Stefan: Heine, Die SPD und der lange Weg zur Macht, Essen 1999, S. 7.

[23] Welskopp: Das Banner der Brüderlichkeit, S. 28.

[24] Ungeachtet des „Rattenschwanzes" der theoretischen Diskussionen, die in den letzten Jahren über diese Begrifflichkeit geführt wurden, soll sich hier an Mannheims Erklärungen gehalten werden, der unter einem Generationszusammenhang die beieinanderliegenden Geburtsjahrgänge versteht, die beispielsweise durch die Partizipation an einer historischen Situation miteinander verbunden sind. Vgl. Mannheim, Karl: Das Problem der Generationen, in: Kölner Vierteljahreshefte für Soziologie 7 (1928) 2, 4, S. 157-185, 309-330.

[25] Koselleck, Reinhart: Wiederholungsstrukturen in Sprache und Geschichte, in: Saeculum 57 (2006) 1, S. 1-15, S. 2f., 14.

## 1.4 Wovon ist die Rede? Die Klärung der Begriffe

Der Ausgangspunkt der Untersuchung ist die bürgerliche Herkunft Wachenheims und Schmids. Doch was ist damit gemeint? Basierend auf dem politischrechtlichen Typus des Stadtbürgers, der sich seit dem 12. Jahrhundert in den neu entstandenen städtischen Siedlungen etablierte, konstituierte sich um die Ereignisse der Französischen und Deutschen Revolution im Zuge der Aufklärung das Bürgertum.[26] Diese sich durch Bildung und Besitz auszeichnende Sozialformation grenzte sich einerseits vom Adel und andererseits scharf von den „kleinen Leuten" ab. Wirtschaftsbürger, Bildungsbürger, Großbürger und Kleinbürger – allein diese Etikettierung unterstreicht die Mannigfaltigkeit des Bürgertums.[27] Und natürlich gab es signifikante Unterschiede zwischen der Bankiersfamilie und einer Professorendynastie oder zwischen einem selbstständigen, in seiner Kleinstadt angesehenen Handwerksmeister und einem Stahlmagnaten. Doch zwischen ihnen existierten zahlreiche Querverbindungen, beispielsweise über den Heiratsmarkt oder die Begegnungen als Honoratioren der Stadt.[28] Und: Es bestanden Gemeinsamkeiten in der Kultur, Lebensführung und Mentalität – all das ist in der Forschung unter dem Konzept der „Bürgerlichkeit" zusammengefasst worden.[29] Bürgerlichkeit wird als „[...] eine auf typische Wertorientierung und Normen, Verhaltensweisen und Konventionen beruhende sozialkulturelle Lebensweise und Form der Vergesell-

---

[26] Kocka, Jürgen: Das europäische Muster und der deutsche Fall, in: Kocka, Jürgen (Hg.): Bürgertum im 19. Jahrhundert, Bd. I: Einheit und Vielfalt Europas, Göttingen 1995, S. 9-75, S. 33f.

[27] Für Gall hingegen waren die Typen derart indifferent, dass sie keine bürgerliche Gesellschaft hätten bilden können. Vgl. Gall, Lothar: Stadt und Bürgertum im Übergang von der traditionalen zur modernen Gesellschaft, in: Gall, Lothar (Hg.): Stadt und Bürgertum im Übergang von der traditionalen zur modernen Gesellschaft, Beiheft der Historischen Zeitschrift Nr. 16, München 1993, S.1-12, S. 7.

[28] Wehler, Hans-Ulrich: Die Geburtsstunde des deutschen Kleinbürgertums, in: Puhle, Hans-Jürgen (Hg.): Bürger in der Gesellschaft der Neuzeit, Göttingen 1991, S.199-209, S. 205.

[29] Kocka, Jürgen: Bürgertum und Bürgerlichkeit als Probleme der deutschen Geschichte vom späten 18. zum frühen 20. Jahrhundert, in: Kocka, Jürgen (Hg.): Bürger und Bürgerlichkeit im 19. Jahrhundert, Göttingen 1987, S. 21-63, S. 45.

schaftung [...]"³⁰ verstanden. Es wird davon ausgegangen, dass sich aus Werten, Normen, Einstellungen, Wissensbeständen und Standards eine gewisse Art der Lebensführung, die Methode zur Organisation des Verhaltens, konstituiert. Das impliziert auch ähnliche Zielvorstellungen, Interaktionsformen, Bewertungsmuster und eine bestimmte Art der expressiven Zurschaustellung der Individuen, die sich an einer gleichartigen Lebensführung orientieren und gegenseitig entlasten.

Normative und analytische Aussagen werden mitunter vermengt und das Bürgertum zur Leitfigur stilisiert[31] – diese Vorbehalte gegen das Konzept der Bürgerlichkeit sollen nicht bedenkenlos beiseite gewischt werden, sondern vielmehr ständig präsent sein. Dennoch: Detaillierte Untersuchungen über das Bürgertum und dessen Lebensraum in der Stadt, familienbiografische und generationshistorische Studien, geschlechtergeschichtliche Forschungen zur bürgerlichen Familie und Analysen über Werte und kulturelle Praktiken des Bürgertums sowohl im 19. als auch 20. Jahrhundert haben immer wieder gezeigt, dass es eine Schnittmenge gibt, die als bürgerliche Lebensführung bezeichnet werden kann.[32] Bestimmend hierfür sind Familie, Erziehung und Bildung, Wertvorstellungen, Reputation und Netzwerke sowie Beruf und Vermögenswerte.

So ist die bürgerliche Lebensweise durch eine strikte Trennung der beruflichen und privaten Arena gekennzeichnet. Die Familie mit einer natürlichen Geschlechterordnung sowie den damit zusammenhängenden Geschlechteridentitäten und Aufgabenteilungen, mit ihren charakteristischen Formen der Frei-

---

[30] Wehler, Hans-Ulrich: Deutsches Bürgertum nach 1945: Exitus oder Phönix aus der Asche?, in: Geschichte und Gesellschaft 27 (2001) 4, S. 617-634, S. 620.

[31] Diese Kritik wurde u.a. hervorgebracht von: Hein, Dieter/ Schulz, Andreas: Einleitung, in: Hein, Dieter/ Schulz, Andreas (Hg.): Bürgerkultur im 19. Jahrhundert, München 1996, S. 9-16.

[32] Vgl. exemplarisch Bauer, Franz J.: Bürgerwege und Bürgerwelten, Familienbiographische Untersuchungen zum deutschen Bürgertum im 19. Jahrhundert, Göttingen 1991.; Budde, Gunilla-Friederike: Auf dem Weg ins Bürgerleben, Kindheit und Erziehung in deutschen und englischen Bürgerfamilien 1840 - 1914, Göttingen 1994.; Hettling, Manfred/ Ulrich, Bernd (Hg.): Bürgertum nach 1945, Hamburg 2005.; Döcker, Ulrike: Die Ordnung der bürgerlichen Welt, Verhaltensideale und soziale Praktiken im 19. Jahrhundert, Frankfurt 1994.; Haltern, Utz: Bürgerliche Gesellschaft, Sozialtheoretische und sozialhistorische Aspekte, Darmstadt 1985.

zeit- und Wohnkultur wie beispielsweise Bildungsreisen, Hauskonzerten, Dienstpersonal und funktional getrennten Räumlichkeiten, ist für das Bürgertum ein geschütztes Refugium.[33] Der spezifische Familiensinn wird stolz mittels ausgesuchter Heiratsverbindungen, die der Wohlstandserhaltung und Familienzusammenbindung dienen, und sorgfältiger Erziehung des Nachwuchses gepflegt. Zu dieser gehört die humanistische Bildung ebenso wie der Erwerb eines Bildungspatentes, beispielsweise an der Universität, aber auch die umfassende Vermittlung eines verbindenden Wertekanons, der Grundsätze wie Vernunft, Rationalität, Selbstständigkeit, Gerechtigkeit und die Kultivierung der eigenen Persönlichkeit einschließt.[34] Denn die Pflege und Verfeinerung dieser Werte als bürgerliche Erwachsene sind ein elementarer Bestandteil seiner Reputation.[35] Einfluss und Ansehen innerhalb der bürgerlichen Gesellschaft wird gleichermaßen durch gesellschaftliches Engagement, Gemeinwohlorientierung, aber auch durch den Erfolg im Beruf gewährleistet. Letzterer sichert sowohl Macht und Einfluss als auch Besitz. Jener wiederum verspricht Distinktion und Sicherheit. All diese Elemente der bürgerlichen Lebensführung bestimmen den Habitus, also das Denk-, Wahrnehmungs- und Bewertungsmuster des bürgerlichen Individuums,[36] mit dessen Hilfe es sich vom Adel und Arbeiter abgrenzt.

Die These ist also, dass Wachenheim und Schmid trotz dieses inkorporierten Habitus die Überquerung aus der bürgerlichen Lebenswelt in die „sozi-

---

[33] Vgl. Frevert, Ute: Bürgerliche Meisterdenker und das Geschlechterverhältnis, Konzepte, Erfahrungen, Visionen an der Wende vom 18. zum 19. Jahrhundert, in: Frevert, Ute (Hg.): Bürgerinnen und Bürger, Geschlechterverhältnisse im 19. Jahrhundert, Göttingen 1988, S.17-48.; Saldern, Adelheid von: Bürgerliche Repräsentationskultur, Konstanz und Wandel der Wohnformen im Deutschen Reich und in der Bundesrepublik (1900-1980), in: Historischen Zeitschrift (2007) 284, S. 345-383.

[34] Vgl. Hettling, Manfred: Die persönliche Selbstständigkeit, Der archimedische Punkt bürgerlicher Lebensführung, in: Hettling, Manfred/ Hoffmann, Stefan-Ludwig (Hg.): Der bürgerliche Wertehimmel, Innenansichten des 19. Jahrhunderts, Göttingen 2000, S.57-78.; Fuchs, Michaela: "Wie sollen wir unsere Kinder erziehen?" Bürgerliche Kindererziehung im Spiegel der populärpädagogischen Erziehungsratgeber des 19. Jahrhunderts, Wien 1997.

[35] Schulz, Andreas: Mäzenatentum und Wohltätigkeit - Ausdrucksformen bürgerlichen Gemeinsinns in der Neuzeit, in: Kocka, Jürgen/ Frey, Manuel (Hg.): Bürgerkultur und Mäzenatentum im 19. Jahrhundert Berlin 1998, S. 240-263.

[36] Vgl. Bourdieu, Pierre: Die feinen Unterschiede, Kritik der gesellschaftlichen Urteilskraft, Frankfurt am Main 1987, S. 277ff.

aldemokratische Solidargemeinschaft" wagten. Auch wenn die historische Wirklichkeit nie in den gebildeten Begriffen aufgeht,[37] soll hier in Anlehnung an Walter und Lösche unter der „sozialdemokratischen Solidargemeinschaft" ein Netzwerk sozialdemokratischer Vereine verstanden werden mit eigenem Selbstverständnis und Alltagsleben, eigener Organisationsstruktur und Praxis. Das spezifische Kennzeichen der „sozialdemokratischen Solidargemeinschaft" ist das „[...] Zusammen-gehörigkeitsgefühl und eine praktizierte gegenseitige Unterstützung, die auf der Grundlage gleicher oder ähnlicher materieller Lebensbedingungen, aber auch vergleichbarer politischer Erfahrungen (etwa von Verfolgung und Isolierung) und daraus sich ergebender gemeinsamer Bedürfnisse und Interessen [...]" beruht und die alle Lebensbereiche durchdringt.[38] Lösche und Walter beziehen den Begriff ausdrücklich auf die Zeit der Weimarer Republik und differenzieren, erstens, zwischen den Lebensformen der Arbeiter, die zwar mit der Sozialdemokratie sympathisierten und diese auch wählten, allerdings stark von der Massenkultur beeinflusst waren, zweitens der sozialdemokratischen Arbeiterkulturbewegung, in deren Großorganisationen zwar die Massenkultur spürbar war, aber weltanschaulich-ideologische Einstellungen, Mentalitäten und Verhaltensweisen ihrer Mitglieder sich deutlich von der Mehrheit der Bevölkerung unterschieden und eben, drittens, den Angehörigen der „sozialdemokratischen Solidargemeinschaft".[39]

Ob Hedwig Wachenheim und Carlo Schmid tatsächlich dieser Solidargemeinschaft angehörten, bleibt erst einmal nur eine Ausgangsvermutung, deren abschließende Beurteilung am Ende der Untersuchung steht. Die These liegt nahe, da sich beide aktiv in der Partei beziehungsweise den dazugehörigen Vorfeldorganisationen betätigten. Da Carlo Schmid erst im Jahr 1945 Kontakte zur SPD knüpfte, kann es berechtigterweise in Frage gestellt werden, ob er in Tübingen, Mannheim und Bonn überhaupt noch eine „sozialdemokratische Solidargemeinschaft" vorfand. Denn zwölf Jahre Verbot und Verfolgung im

---

[37] Mann, Golo: Die alte und die neue Historie, in: Podewils, Clemens Graf (Hg.): Tendenzwende? Zur geistigen Situation in der Bundesrepublik Stuttgart 1975, S. 41-58, S. 48.
[38] Lösche/ Walter: Zur Organisationskultur der sozialdemokratischen Arbeiterbewegung in der Weimarer Republik, S. 520-522.
[39] Vgl. Lösche/ Walter: Zur Organisationskultur der sozialdemokratischen Arbeiterbewegung in der Weimarer Republik, S. 511, 536.

Nationalsozialismus und veränderte Lebenswelten nach dem Ende des Zweiten Weltkrieges hinterließen sowohl in der Organisationsvielfalt und -stärke, aber auch in der Lebensweise der Genossen ihre Spuren. Dennoch war Carlo Schmid einerseits im Kaiserreich und der Weimarer Republik sozialisiert worden, sodass ihn die Antagonismen zwischen seiner Lebenswelt und jener der Sozialdemokraten prägten. Andererseits musste sich Schmid gerade in den ersten Jahren als Sozialdemokrat mit Führungspersönlichkeiten in der Partei auseinandersetzen, welche die „sozialdemokratische Solidargemeinschaft" vor 1933 gelebt hatten und diese Tradition an Widerständen und gesellschaftlichen Gegentendenzen vorbei zu verteidigen suchten. Daher erscheint es nur konsequent, diese Begrifflichkeit sowohl auf Wachenheim als auch auf Schmid anzuwenden.

# 2 Ein Leben vor der Partei

## 2.1 Hedwig Wachenheim:
## Sozialisation im „großbürgerlich-liberalen Milieu"

Hedwig Wachenheim wurde am 27. August 1891 in Mannheim geboren, einer mit 100.000 Einwohnern im äußersten Norden des Großherzogtums Baden liegende Metropole, die sich seit der zweiten Hälfte des 19. Jahrhunderts zu einem Banken- und Industriezentrum entwickelt hatte. Die Wachenheims waren vermutlich alteingesessene Mannheimer, die seit 1880 einen Weinhandel betrieben, nachdem sie das Wäschegeschäft aufgegeben hatten.[40] Die Trautmanns, Hedwig Wachenheims Familie mütterlicherseits, kamen ursprünglich aus Wiesbaden. Dort besaßen sie Vieh- sowie Bodenbesitz und betätigten sich als Bankiers unter anderem für den Herzog von Nassau. Eduard Wachenheim, Hedwigs Vater, übernahm dann bei der Heirat mit Marie Trautmann das Bankgeschäft aus der Familie seiner Frau.[41] Überdies gab es wohlhabende Verwandte in Triest und auch einen bildungsbürgerlichen Zweig: Ein Onkel Wachenheims war Richter.[42]

---

[40] Das Wissen vor allem über Wachenheims Jugend stammt größtenteils aus ihren im Jahr 1973 veröffentlichen Memoiren, die im Auftrag der Historischen Kommission zu Berlin von Susanne Miller bearbeitet und herausgegeben wurden. Wachenheim begann die Aufzeichnung ihrer Memoiren 1968 in ihrer neuen amerikanischen Heimat. Dass in diesen Erinnerungen Erlebnisse vergessen, verdrängt, umgedeutet, nachträglich reflektiert und neu interpretiert wurden, muss einkalkuliert werden. Dennoch sind die Memoiren eine wichtige Quelle, nicht nur zur Klärung der Erfahrungen, Wahrnehmungs-, Deutungs- und Handlungsmuster von Hedwig Wachenheim, sie bieten auch eine Innensicht ihrer sozialen und materiellen Verhältnisse sowie des Lebensstils.

[41] Zeller, Susanne: Wachenheim, Hedwig, in: Maier, Hugo (Hg.): Who ist who der sozialen Arbeit, Freiburg 1998, S. 605-606, S. 605.

[42] Wachenheim, Hedwig: Vom Großbürgertum zur Sozialdemokratie, Memoiren einer Reformistin, Berlin 1973, S. 5.

Legt man die Kriterien Bildung und Besitz an gehörte die Familie Wachenheim zum Bürgertum.[43] Dass Hedwig Wachenheim und ihre zwei Jahre jüngere Schwester noch als Jüdinnen geboren wurden, spielte eine unbedeutende Rolle. Schließlich wurden beide Kinder bereits 1898 getauft und Hedwig Wachenheim besuchte die angesehenste höhere Töchterschule Mannheims, das „Großherzogliche Institut" und nicht die erst im Jahr 1863 unter hohem finanziellen Aufwand von der jüdischen Minderheit der Stadt gegründete eigene Mädchenschule[44]. Auch die Kontakte der Wachenheims waren keineswegs auf die jüdische Gemeinde begrenzt. Eher das Gegenteil traf zu: Man pflegte den bewussten Umgang mit den protestantisch-bürgerlichen Familien der Stadt, traf innerhalb dieses Kreises die Verabredungen für ihre Kinder. Und auch die Wahl ihres Wohnumfeldes wurde die Assimilierung der Familie Wachenheim deutlich: Befand sich das Kurzwarengeschäft der Großeltern noch im jüdischen Viertel Mannheims, bezogen Wachenheims Eltern im Jahr ihrer Hochzeit 1890 ein neues Haus in den sogenannten L-Quadraten:[45] Ein Gebiet, welches die soziale Stellung und das Ansehen der Familie deutlich unterstrich.

Aus Wachenheims Lebenserinnerung ist zu erfahren, dass die Familie reich, aber nicht sehr reich gewesen sei. Doch waren Krisengefühl und Abwehr jeglicher Bedrohungen spätestens seit der Mitte des 19. Jahrhunderts ein verbreitetes Phänomen in bürgerlichen Kreisen. Die Erfahrungen zyklischer Booms und Krisen, der Aufstieg der Sozialdemokratie, die durchschlagende Modernisierung und die damit großflächig einhergehenden Veränderungen

---

[43] Volkov, Shulamit: Die Verbürgerlichung der Juden in Deutschland, Eigenart und Paradigma, in: Kocka, Jürgen (Hg.): Bürgertum im 19. Jahrhundert, Bd. 3: Verbürgerlichung, Recht und Politik, Göttingen 1995, S. 105-133.

[44] Bayer, Tilde: Minderheiten im städtischen Raum, Sozialgeschichte der Juden in Mannheim während der 1. Hälfte des 19. Jahrhunderts, Stuttgart 2001, S. 134f.

[45] Um 1811 setzte sich in Mannheim die Zählung der Quadrate mit Buchstaben und Ziffern durch. Die städtische Grundrissgeometrie entstand infolge der Festungs- und Stadtgründung 1606/07 durch Friedrich IV., sie entsprach den militärischen Anforderungen und kam gleichzeitig dem Bedürfnis nach idealen Stadtentwürfen in der Renaissance nach. Vgl. o.A.: Warum gibt es in Mannheim Quadrate?, www. stadtarchiv.mannheim.de (eingesehen am 20.08.2008).

verstärkten die Ängste des Bürgertums.⁴⁶ Insofern hat Wachenheims Bemerkung, dass man nicht sehr reich gewesen sei, einen symptomatischen und leicht hypochondrischen Charakter. Vermutlich warnte Marie Wachenheim ihre beiden Kinder Hedwig und Lili spätestens nach dem frühen Tod des Vaters im Jahre 1898 häufig vor der drohenden Gefahr einer angespannteren finanziellen Lage der Familie. Die Situation mag dadurch verschärft worden sein, dass die erst 28 Jahre alte Witwe ohne jegliche männliche Unterstützung in der Familie auskommen musste, denn auch ihr Vater und Schwiegervater waren zu diesem Zeitpunkt bereits verstorben. Dennoch müssen Rente und sonstige Einkünfte der Wachenheims üppig gewesen sein, schließlich konnten sie sich Köchin, Zimmermädchen, Kinderfräulein, Privatlehrer, Kohlenträger, einen weiteren Mann für die schwere Arbeit, wöchentlich Putz- und Bügelfrauen, für Gesellschaften zusätzliches Koch- und Servierpersonal und zweimal jährlich eine weitere Wäschefrau für Tisch- und Bettwäsche sowie bei Bedarf eine Näherin leisten.⁴⁷ Diese Menge an Personal lässt durchaus die Vermutung zu, dass die Wachenheims zumindest aufgrund ihrer finanziellen Möglichkeiten zum gehobenen oder auch „Großbürgertum" Mannheims gehörten.⁴⁸ Außerdem wurde Hedwig Wachenheim auch nach dem vierten Jahr ihres Schulabschlusses von der Familie nicht genötigt zu heiraten, ja, konnte sogar etwaige Anwärter abweisen – und das obwohl sich bürgerliche Frauen gewöhnlich zu Beginn des zwanzigsten Lebensjahres in den Hafen der Ehe begaben.⁴⁹ Auch Lili musste nicht aus finanziellen Gründen in den Ehestand getrie-

---

[46] Nipperdey, Thomas: Deutsche Geschichte 1866 - 1918, Arbeitswelt und Bürgergeist, Bd. 1, München 1994, S. 343.; Mergel, Thomas: Zwischen Klasse und Konfession Katholisches Bürgertum im Rheinland 1794 - 1914, Göttingen 1994, S. 211.

[47] Wachenheim: Vom Großbürgertum zur Sozialdemokratie, S. 2.

[48] Somit ist die Aussage von Loreck zweifelhaft, dass mit dem Tod des Vaters unmittelbar ein materieller Abstieg verbunden gewesen sei. Auch die Finanzierung der Schulbildung für beide Mädchen wäre sonst kaum möglich gewesen. Vgl. Loreck, Jochen: Wie man früher Sozialdemokrat wurde, Das Kommunikationsverhalten in der deutschen Arbeiterbewegung und die Konzeption der sozialistischen Parteipublizistik durch August Bebel, Bonn 1977, S. 122f.

[49] Trepp, Ann-Charlott: Emotionen und bürgerliche Sinnstiftung oder die Metaphysik des Gefühls, Liebe am Beginn des bürgerlichen Zeitalters, in: Hettling, Manfred/ Hoffmann, Stefan-Ludwig (Hg.): Der bürgerliche Werthimmel, Innenansichten des 19. Jahrhunderts, Göttingen 2000, S. 23-55, S. 30.

ben werden, sie konnte das Realgymnasium besuchen und in Heidelberg im Fach Chemie promovieren.[50]

Trotz zahlreicher Entlastungen durch das Hauspersonal wurde auch bei der Erziehung der Wachenheim-Kinder ganz im Sinne der Bürgerlichkeit Wert auf die Ausbildung von Pflichtgefühl, Arbeitseifer und Selbstverantwortung gelegt.[51] Hedwig Wachenheim musste beispielsweise ihre eigene Waschschüssel reinigen, ihr Zimmer abstauben, Strümpfe stopfen sowie Namen und Nummern von Kürschners Nationalbibliothek mit Gold nachzeichnen.[52] Und auch ihr Bildungsweg war milieutypisch für eine Frau. So bekam sie im „Großherzoglichen Institut" Unterricht in Religion und Sittenlehre, Geschichte, Geografie, Hauswirtschaft, Französisch, Deutsch, Englisch, Musik und Tanz. Diese Art der Ausbildung sollte die Mädchen zu einem standesgemäßen Leben befähigen, denn „feminine Fähigkeiten und Talente" waren zur perfekten Gestaltung der Privatsphäre und Repräsentation des zukünftigen Gatten nötig.[53] Liebe, Kultur und Kinder waren die Welten, auf die Bürgermädchen vorbereitet wurden, daher galten Kenntnisse in Literatur, Musik und angemessenes Benehmen als unverzichtbar.[54] Ferner fuhren Marie, Lili und Hedwig Wachenheim jeden Sommer für sechs Wochen in die Ferien, meist nach Tirol und Venedig, auf dem Rückweg war ein Besuch der Familie in Triest obligatorisch.[55] Die in bürgerlichen Kreisen seit der zweiten Hälfte des 19. Jahrhunderts in Mode gekommene Sommerfrische diente dem körperlichen sowie

---

[50] Wachenheim: Vom Großbürgertum zur Sozialdemokratie, S. 12, 83.

[51] Hettling, Manfred/ Hoffmann, Stefan-Ludwig: Zur Historisierung bürgerlicher Werte, Einleitung, in: Hettling, Manfred/ Hoffmann, Stefan-Ludwig (Hg.): Der bürgerliche Wertehimmel, Innenansichten des 19. Jahrhunderts, Göttingen 2000, S. 7-25, S. 16.

[52] AdsD, NL Wachenheim, Mappe II, Blatt 44.

[53] Die Trennung zwischen privater und öffentlicher Sphäre ist ein Produkt der bürgerlichen Gesellschaft, denn mit der zunehmenden Auslagerung des Arbeitsplatzes des Mannes kam es zu einer Neuaufteilung der weiblichen und männlichen Handlungsräume. Vgl. Habermas, Rebekka: Weibliche Religiosität - oder: Von der Fragilität bürgerlicher Identitäten, in: Tenfelde, Klaus/ Wehler, Hans-Ulrich (Hg.): Wege zur Geschichte des Bürgertums, Göttingen 1994, S. 125-148, S. 128.

[54] Szenczi, Denisza: Soziale Identität im deutschen Bürgertum des 19. Jahrhunderts, in: Trans - Internetzeitschrift für Kulturwissenschaft (2004) 14, www.inst.at/trans/15Nr/05_13/ szenczi15.htm (eingesehen am 08.07.2008), S. 2.

[55] AdsD, NL Wachenheim, Mappe II, Blatt 49.

geistigen Wohlbefinden und demonstrierte gleichzeitig die finanziellen Möglichkeiten der Familie durch die Wahl eines entfernten Ferienziels und einer möglichst standesgemäßen Unterkunft.[56]

Darüber hinaus verbrachte Wachenheim ihre Freizeit, derer sie nach dem Ende ihrer Zeit am „Großherzoglichen Institut" reichlich zur Verfügung hatte, gänzlich innerhalb des bürgerlichen Milieus. Sie bekam Klavierstunden, ihr wurde der Stoff der Botanik näher gebracht und sie besuchte den Anstandsunterricht.[57] Aber all dies bereitete ihre wenig Freude. Einzig das Theater schien sie mitzureißen.[58] Hedwig besuchte mit Begeisterung nahezu jede Vorstellung und las, ganz wie es das bürgerliche Bildungsideal einforderte, die vorgetragenen Stücke zu Hause nach.[59] Ihrer Leidenschaft für das Theater gab sie sich auch durch einen Kurs in der Schauspielschule hin. Doch diesen Lehrgang als gescheiterten Ausbruchsversuch aus der bürgerlichen Welt zu deklarieren, wie es Rabert interpretiert[60], erscheint etwas zu pathetisch. Wachenheim wollte sich vielmehr intensiver ihrem Hobby widmen und sie gab den Schauspielunterricht sofort wieder auf, nachdem sie ihre Talentlosigkeit einsehen musste. Ging Wachenheim nicht ins Theater, wartete sie ihren Großmüttern auf, nahm an Kaffeevisiten und Bällen teil, vertrieb sich die Zeit mit Handarbeiten, besuchte Schneider-, Buchhaltungs- und Blindenschriftkurse. Im Übrigen konnte man sie beinahe täglich zwischen vier und fünf Uhr nachmittags auf dem Tennisplatz antreffen.[61] Ein snobistischer Sport, der auch spätestens seit der Jahrhundertwende für das Bürgertum salonfähig wurde – denn auf dem Platz machte man sich weder schmutzig, noch musste man sich in unschicklichen Posen präsentieren.[62]

Politisch ist Wachenheim in ihrer Kindheit kaum direkt beeinflusst worden. Zwar war ihr Vater Stadtrat und Vorsitzender der örtlichen Freisinnigen

---

[56] Budde: Auf dem Weg ins Bürgerleben, S. 89.
[57] Wachenheim: Vom Großbürgertum zur Sozialdemokratie, S. 4f., 15.
[58] Wachenheim: Vom Großbürgertum zur Sozialdemokratie, S. 13, 16.
[59] Linke, Angelika: Sprachkultur und Bürgertum, Zur Mentalitätsgeschichte des 19. Jahrhunderts, Stuttgart 1996, S. 199.
[60] Raberg, Frank: Hedwig Wachenheim (1981 bis 1969), Kein Leben als "höhere Tochter", in: Beiträge zur Landeskunde von Baden-Württemberg (2001) 4, S. 18.
[61] Wachenheim: Vom Großbürgertum zur Sozialdemokratie, S. 20f.
[62] Vgl. Budde: Auf dem Weg ins Bürgerleben, S. 31.

Vereinigung, doch hat er auf seine Tochter bis zu seinem Tode, als diese gerade einmal sieben Jahre alt war, in jener Hinsicht wahrscheinlich kaum Einfluss ausgeübt. Auch Wachenheims Mutter stand mit den Mannheimer Liberalen in Kontakt. Sie selbst stammte zwar aus einer national-liberalen Familie und beklagte häufig, dass ihre Heirat mit einem Linksliberalen einem gesellschaftlichen Abstieg gleich gekommen sei. Gleichwohl trat sie 1910 der Fortschrittlichen Partei bei – angeblich weil die Linksliberalen in Mannheim die Witwe so gut behandelt hätten.[63] Somit ist das Elternhaus Wachenheims nicht, wie Wickert behauptet, dem konservativen Milieu im Sinne Lepsius zuzuordnen[64], sondern eher liberal geprägt gewesen.

Doch alles in allem führten der frühe Tod des Vaters und die Unerfahrenheit der jungen Mutter möglicherweise dazu, dass wesentliche Entscheidungen bezüglich Wachenheims Erziehung (und damit auch ihrer politischen Prägung) zumindest anfänglich von den Großmüttern getroffen wurden. Nur so ist es verständlich, dass sie kein externes Abitur ablegte[65] oder wie ihre ungleich jüngere Schwester das Realgymnasium besuchte. Zumal im Ausgang des 19. Jahrhunderts die Familie als einzige Erziehungs- und Bildungsinstanz ihrer Töchter langsam zurückgedrängt wurde und die Diskussion einsetzte, welche Schulform durchaus auch für Mädchen akzeptabel sei.[66] So könnte Hedwig Wachenheims Empfindung, dass sie für eine Welt erzogen worden sei, die sich langsam verflüchtigte, durchaus zutreffend gewesen sein.

Denn die Großmütter erwarteten von ihr, dass sie ständig an der Perfektion ihrer Kenntnisse als Hausfrau arbeitet und ihre „femininen Talente" auf künstlerischen und musischen Gebieten fördert sowie ihre „weiblichen Eigenschaften" wie Sanftmut und Aufopferungswillen kultiviert und als Reize zur

---

[63] Wachenheim: Vom Großbürgertum zur Sozialdemokratie, S. 5f.
[64] Wickert, Christl: Unsere Erwählten, Sozialdemokratische Frauen im Deutschen Reichstag und im Preußischen Landtag 1919-1933, Bd. 1, Göttingen 1986, S. 31.
[65] Wickert beschreibt anschaulich, wie es Anna Siemsen und Hildegard Wegschneider mit elterlicher Unterstützung gelang, bereits zehn beziehungsweise zwanzig Jahre vor Wachenheim, das externe Abitur abzulegen. Vgl. ebd., S. 39.
[66] Kleinau, Elke: Gleichheit oder Differenz?, Theorien zur höheren Mädchenbildung, in: Kleinau, Elke/ Opitz, Claudia (Hg.): Geschichte der Mädchen- und Frauenbildung, Bd. 2, Vom Vormärz bis zur Gegenwart, Frankfurt am Main/ New York 1996, S. 113-128, S. 113.

Schau stellt.[67] Hedwig Wachenheim erfüllte diese Erwartungen auf ihre Art. Sie fing an, ausführlich Zeitungen, Zeitschriften und zeitgenössische Romane zu lesen. Auf diese Weise wollte sie sich als Konversationspartnerin noch attraktiver machen, nachdem sie bei den täglichen Plaudereien mit männlichen Bekanntschaften auf dem Tennisplatz ihre Unzulänglichkeit feststellen musste.[68]

Innerhalb dieser beinahe hermetisch geschlossenen bürgerlichen Welt Mannheims verbrachte Hedwig Wachenheim ihre ersten 20 Lebensjahre. Erzogen und mit entsprechenden Umgangsformen versehen, vorbereitet auf die Rolle als fürsorgliche Hausfrau und Mutter. Dass sie ein Interesse für die „soziale Frage" oder gar Politik entwickeln könnte, ist an dieser Stelle ihrer Biografie kaum vorstellbar. Und auch Carlo Schmid war vor seinem Leben in der Sozialdemokratie fest in seinem bürgerlichen Milieu verwoben.

---

[67] Fuchs: "Wie sollen wir unsere Kinder erziehen?", S. 30.
[68] Wachenheim: Vom Großbürgertum zur Sozialdemokratie, S. 21.

## 2.2 Carlo Schmid: ein Bildungsbürger „par excellence"

Die Schmids gehörten, gemessen an den Kriterien Bildung und Besitz, ebenfalls zum Bürgertum. So waren zwar die Vorfahren von Joseph Schmid, dem Vater von Carlo, noch schwäbische Bauern, allerdings gelang seinem Großvater im zweiten Drittel des 19. Jahrhunderts der gesellschaftliche Aufstieg, indem er ins Stuttgarter Gaststättengewerbe einheiratete. Trotz finanzieller Rückschläge konnte Joseph die Oberrealschule besuchen, das Lehrerexamen ablegen und drei Jahre lang in Frankreich seinen Interessen nachgehen, bevor er Sprachlehrer in Toulouse und später in Perpignan wurde. Dort lernte er seine Frau Anna Erra kennen. Anna, aus einer kleinbürgerlichen, nichtakademischen Weinbauer- und Händlerfamilie stammend und ebenfalls Lehrerin, folgte ihrem Mann nach der Geburt von Carlo im Dezember 1896 nach Baden. Später siedelte die Familie ins württembergische Stuttgart über, da Joseph Schmid hier als Oberreallehrer eine Anstellung erhielt.[69]

Obwohl die Eltern keine finanziellen Ausgaben scheuten, um ihrem Sohn einen Lebensstil zu ermöglichen, der den Kindern aus „besseren Kreisen" entsprach, wuchs Carlo Schmid materiell nicht ganz so begütert auf wie Hedwig Wachenheim. Stammte die eine auch aus einer Wirtschaftsbürgerdynastie, wuchs der andere zwischen zwei vorbildlichen Bildungsbürgern auf. Joseph und Anna Schmid, geprägt von einem starken pädagogischen und didaktischen Optimismus, suchten gezielt die bildende Lektüre ihres Sohnes aus. Es galt, etwas zu lernen aus den Sagen des klassischen Altertums, aus den Fabeln La Fontaines, den Märchen von Perrault oder den Werken von Zola, Nitzsche, Heine, Tolstoi. Die Schmids konnten sich zwar keine wochenlange Sommerfrische leisten, dennoch sollten Bildungsreisen nach Rom oder Florenz das Gelesene ergänzen, den Horizont erweitern.[70] Seine Eltern konzentrierten ihre Fürsorge, aber vor allem auch ihre Strenge ganz auf Carlo, ihr einziges Kind. Die Dozenten des humanistischen Karls-Gymnasiums, das Schmid seit dem Umzug nach Stuttgart besuchte, mussten Mutter und Vater wöchentlich Berichte über die Lernerfolge des Sprösslings abgeben. Es wurde penibel auf

---

[69] Weber, Petra: Carlo Schmid 1896-1979, Eine Biographie, München 1996, S. 15-24.
[70] Schmid, Carlo: Erinnerungen, München 1979, S. 16-21.

seine Fortschritte in Griechisch und Latein geachtet und die Eltern nötigten Schmid, zu Hause Gedichte und Fabeln in deutscher und französischer Sprache auswendig zu lernen.

Wenngleich Erziehung und Lebensstil im Hause Schmid französisch geprägt waren und weniger der schwäbischen Lebensweise entsprachen[71], hielten sich die Eltern mit ihrem Bildungsanspruch an das deutsche Bürgertum. So war es für Schmid selbstverständlich, Tanzstunden, Musik- und Reitunterricht zu nehmen. Seine Zeit hingegen im „Kinematorgraph" zu verbringen, sei grundsätzlich nicht in Frage gekommen. Denn dort wäre man nicht mehr unter sich gewesen, sondern womöglich mit Arbeitern oder gar „Schmuddelkindern" in Kontakt gekommen:[72] Beziehungen, die seine Eltern strikt im Sinne ihres bürgerlichen Abgrenzungsbedürfnisses unterbanden.[73] Und auch als Schmid 1910 in den Stuttgarter Altwandervogel eintrat, blieb er in seinem Milieu: jung, städtisch, bürgerlich. Gemeinsam begeisterten sich die Wandervögel an Naturerlebnissen auf tagelangen Wanderungen mit Lagerfeuer, Gitarre und Gesang. Nur als Katholik wollte er in diese vorwiegend protestantische Anhängerschaft nicht so recht passen.[74]

In seiner gesamten Jugend blieb Carlo Schmid der Lebens- und Gedankenwelt der Arbeiterschaft fern. Seine Eltern, eher national-liberal eingestellt, nahmen ihn zwar 1907 zum Kongress der Zweiten Internationale mit, doch dieser machte auf ihn anscheinend keinen großen Eindruck.[75] Ebenso erging es Schmid auf Veranstaltungen der MSPD und USPD, die er nach seiner Rückkehr aus dem Krieg in Stuttgart besuchte: „Ich fand dort wenig Belehrung und noch weniger Nahrung für die Ausweitung meiner politischen Vorstellungen […]". Und: „[…] von einer Diktatur des Proletariats wollte ich nichts wissen, denn ich konnte mir nicht denken, daß aus einer Diktatur, welcher Art auch immer, für Deutschland etwas Gutes herauskommen konnte."[76] Auch insge-

---

[71] Weber: Carlo Schmid 1896-1979, S. 27.
[72] Schmid: Erinnerungen, S. 23.
[73] Weber: Carlo Schmid 1896-1979, S. 31.
[74] Zur sozialen Homogenität der Wandervogelbewegung vgl. Dunk, Hermann W. von der: Kulturgeschichte des 20. Jahrhunderts, Bd. 1, München 2004, S. 171-188.
[75] Schmid: Erinnerungen, S. 29.
[76] Ebd., S. 83.

samt schienen den Bürgersohn politische Veranstaltungen eher abzustoßen als anzuziehen. Insbesondere Massenveranstaltungen missbilligte er. In seinen Augen verhalte sich die Masse, im Gegensatz zum einzelnen Individuum, irrsinnig und wie ein gefügiges Instrument.[77] Und auch in der Tübinger Studentengruppe, der er sich für ein paar Monate nach Kriegsende anschloss, pflegten Schmid und seinesgleichen einen elitären Dünkel. Sie glaubten nicht an die Kraft der Massen, sondern setzten auf die Wenigen, Gebildeten, Edlen und Selbstlosen – und bildeten sich ein, genau so zu sein.[78]

Die Erfahrungen im Ersten Weltkrieg, die „Kameradschaft der Schützengräben", und die revolutionären Umwälzungen 1918/19 waren es also nicht, die Carlo Schmid der Sozialdemokratischen Partei näher brachten. Eher das Gegenteil traf zu: Er lebte seine bürgerliche Umlaufbahn weiter.

So sah er sich zwar, da das elterliche Vermögen durch Kriegsanleihen und schleichende Inflation merklich geschmälert wurde, zu einem Brotstudium gezwungen – Jura versprach eine gesicherte Zukunft und einen schnellen Abschluss – blieb aber weiterhin lediglich an schöngeistiger statt sozialistischer Literatur interessiert. Weil er für diese Leidenschaft keinen geeigneten akademischen Lehrer in Tübingen fand, traf er sich nach den Vorlesungen mit Kommilitonen, um Theaterstücke nachzuspielen oder Gedichte zu rezitieren. Schmid begann nach seinem ausgezeichneten Studiumsabschluss seine bürgerliche Laufbahn als Rechtsanwalt, um wenig später eine Referentenstelle am Amtsgericht Tübingen anzutreten. Nach der Heirat mit Lydia Hermes und den daraus bald hervorgehenden vier Kindern war Schmid nun ortsgebunden. Dennoch reizte ihn die am Kaiser-Wilhelm-Institut für ausländisches Recht und Völkerrecht angebotene Stelle. Schmid assistierte 1927/28 in Berlin Victor Bruns und Erich Kaufmann bei den Verhandlungen des deutsch-polnischen Schiedsgerichtes. Doch weil Schmid das Völkerrecht zum Instrument der deutschen Außenpolitik machen wollte und den Young Plan, in dessem Zuge Polen erstmals als Reparationsgläubiger anerkannt wurde, entschieden ablehnte, musste er das KWI verlassen. Selbst für diese Institution war die nationalisti-

---

[77] Schmid: Erinnerungen, S. 45f.
[78] Ebd., S. 91-93.

sche Einstellung des Halbfranzosen nicht mehr tragbar.[79] Und obwohl Schmid 1923 beim Frankfurter Arbeitsrechtler und Sozialdemokraten Hugo Sinzheimer promovierte, blieb er tief in seinem bürgerlichen Denken verhaftet.

---

[79] Weber: Carlo Schmid 1896-1979, S. 75-77.

# 3 Auf dem Weg in die Sozialdemokratie

## 3.1 Hedwig Wachenheim: eifriger Beitritt in jungen Jahren

### 3.1.1 Das Erweckungserlebnis

Hedwig Wachenheims erste Kontakte außerhalb ihres bürgerlichen Milieus mit Sozialdemokraten bahnten sich 1912 an. Sie besuchte am 11. Januar, einen Tag vor der Wahl, eine Feier ihrer Freundin im Rosengarten, der Fest- und Kongresshalle Mannheims. Zeitgleich sprach Ludwig Frank nebenan im Nibelungensaal des Rosengartens. Frank, Jahrgang 1874, war Vorsitzender der badischen Sozialdemokratie, Gründer des „Vereins junger Arbeiter", seit 1907 Reichstagsabgeordneter für den Wahlkreis Baden-Mannheim und bis nach Berlin als erstklassiger Redner und charismatischer Kopf bekannt. Ihrer politischen Unerfahrenheit zum Trotz war Wachenheim bereits aus der Presse über Frank und seine Politik im Bilde.[80] Der prominente Referent weckte das Interesse des Mädchens, außerdem lockte sie der Reiz des Verbotenen. Wachenheim und ihre Freunde verließen daher ihre Festveranstaltung im Rosengarten und gingen in den Nibelungensaal hinüber: „Ich ging aus der Neugierde der »höheren Tochter«, die auch einmal eine sozialdemokratische Versammlung

---

[80] Ludwig Frank strebte eine Verbesserung der materiellen und kulturellen Lebensumstände der Arbeiterklasse an, befürwortete eine Zusammenarbeit zwischen der Sozialdemokratie und den Liberalen, um die Demokratisierung des Reiches voranzutreiben. Er sprach sich für den politischen Massenstreik als Kampfmittel gegen das Dreiklassenwahlrecht aus und stimmte am 4. August 1914 für die Bewilligung der Kriegskredite. Seine Entscheidung aus Überzeugung untermauerte Frank durch den freiwilligen Kriegsdienst. Er sah dies als Möglichkeit, die Verbundenheit der Sozialdemokraten mit ihrem Heimatland zu demonstrieren. Frank fiel am 3. September 1914 in Lothringen. Zu Ludwig Frank vgl. Watzinger, Karl Otto: Ludwig Frank: Ein deutscher Politiker jüdischer Herkunft, Quellen und Darstellungen zur Mannheimer Stadtgeschichte Nr. 3, Sigmaringen 1995.; Wachenheim, Hedwig: Einleitung, in: Wachenheim, Hedwig (Hg.): Ludwig Frank, Aufsätze, Reden und Briefe, Berlin 1924, S. 5-16.; Dies.: Ludwig Frank, in: Mannheimer Hefte (1964) 2, S. 28-40.

mitmachen wollte."⁸¹ Die Veranstaltung machte auf Wachenheim nachhaltigen Eindruck. Sie sah erstmals „[...] die Masse der zur politischen Einheit verschmolzenen Menschen [...]", kam in Kontakt mit dem Arbeitermilieu, das ihr bis dato unbekannt gewesen war. Sie war von Franks Vortrag, seinem Glauben an die Aktivität der Sozialdemokratie und seine Verbundenheit mit den Zuhörern tief beeindruckt. „Die Versammlung wurde mir zu solch einem unvergesslichen Erlebnis, daß die Vorstellung, irgendeine andere Bewegung könnte mich noch anziehen, gar nicht mehr in mir auftauchte."⁸²

Folgt man Loreck, seien die geschilderten Empfindungen so intensiv gewesen, dass von diesem Zeitpunkt an eine Stabilisierung des politischen Verhaltens Hedwig Wachenheims eingesetzt habe.⁸³ Allerdings darf Wachenheims Schilderung der Ereignisse hier nicht vorbehaltlos hingenommen werden. So ist es doch eher wahrscheinlich, dass die in die Jahre gekommene Sozialdemokratin ihre damalige schwärmerische Faszination für Ludwig Frank in der Retrospektive auf die Sozialdemokratie in Gänze übertragen hat. Dennoch: Ihre erste Begegnung mit Politik, der Partei und einem ihrer prominenten Vertreter haben bei Hedwig Wachenheim eine bleibende Wirkung hinterlassen. Aber in erster Linie war es Ludwig Frank und nicht die Idee des Klassenkampfes, der eine Sogwirkung auf Wachenheim ausübte. Als sie durch Freunde erfuhr, dass Frank ebenfalls auf sie aufmerksam geworden sei, ließ sie sich Ostern 1912 von liberalen Parteifreunden ihrer Mutter mit Frank im Hotel Schirmhof in Baden-Baden bekannt machen. Gemeinsam verbrachten sie im Hotelgarten plaudernd ein paar Nachmittage.⁸⁴

Hedwig Wachenheim konstruierte die ersten Berührungspunkte außerhalb ihres bürgerlichen Milieus in der Rückschau als eine Art Erweckungserlebnis. So habe sie vor der Begegnung mit Frank tagelang Fäden durch Strümpfe gezogen und so getan, als stopfe sie Löcher, nur damit der Anschein einer

---

[81] AdsD, NL Wachenheim, Historische Kommission, Mappe 22, Brief an Herrn Ratzel vom 16.08.1967.
[82] Wachenheim: Vom Großbürgertum zur Sozialdemokratie, S. 25f.
[83] Loreck untersucht, auf welche Weise vier so genannte „Großbürger" wie Wilhelm Blos, Lily Braun, Alfred Grotjahn und Hedwig Wachenheim sowie neun „Kleinbürger" in die Sozialdemokratie eintraten und wie der Beitritt mit dem Lektüreverhalten korrespondierte. Vgl. Loreck: Wie man früher Sozialdemokrat wurde, S. 213.
[84] Wachenheim: Vom Großbürgertum zur Sozialdemokratie, S. 27.

sinnvollen Beschäftigung erweckt werde.[85] Und bei der Ausübung derart wertloser Tätigkeit sei ihr oft der Appell ihrer Lehrerin durch den Kopf gegangen, die ihre Schülerinnen mahnte, Taten zu tun, die bleiben. Obendrein habe sie während eines Besuches in der Kunsthalle beschlossen, nicht rein betrachtend durch das Leben gehen zu wollen.[86] Auch wenn Wachenheim in ihren Lebenserinnerungen die erzählte Zeit so gestaltet, als sei ihr Leben schon von Beginn an nutzlos gewesen, konnte sie das Gefühl der Leere erst durch die Begegnung mit Ludwig Frank empfinden. Erst durch ihn entdeckte sie eine Welt, die ihr vorher unbekannt war und ihr bisheriges Leben auf eine gewisse Art entwertete. Frank kann somit gewissermaßen als ihr Lehrer bezeichnet werden, der sie ermutigte, ihrem Leben jenseits von Ehebett und Kindererziehung einen Sinn zu geben.

Doch diesen Sinn sah Wachenheim zunächst nicht im Engagement für die Sozialdemokratische Partei, sondern in der bürgerlichen Wohlfahrtspflege. Sie entzog sich der Exklusivität ihrer bürgerlichen Welt so Schritt für Schritt und nicht abrupt. Wachenheim berichtet in ihren Memoiren, dass sie sich nach der Begegnung mit Frank lange mit einer Cousine ihres verstorbenen Vaters unterhalten habe, welche entfernt mit Helene Simon verwandt war. Simon war vor dem Ersten Weltkrieg bereits eine gewisse Berühmtheit, da sie sich nach ihrem Studium der Nationalökonomie und Sozialpolitik in England in zahlreichen bürgerlichen Wohltätigkeitsvereinen engagierte und mit Arbeiten über die soziale Frage oder die Gewerbeinspektion hervortrat.[87] Nach der Beichte Wachenheims gegenüber ihrer Cousine, dass sie ihr Leben unerträglich finde, bekam sie von dieser den Rat, sich bei der Berliner Sozialen Frauenschule zu bewerben.[88] Am Tag ihres 21. Geburtstages ging Wachenheim am frühen Morgen in das Zimmer ihrer Mutter und ließ diese wissen, noch ehe sie ihrer Tochter gratulieren konnte, dass sie im Herbst weggehen würde, um in Berlin die Soziale Frauenschule zu besuchen. „Das war eine brutale Ankündigung,

---

[85] AdsD, NL Wachenheim, Mappe II, Blatt 44.
[86] Wachenheim: Vom Großbürgertum zur Sozialdemokratie, S. 15, 23.
[87] Im Gegensatz zu Wachenheim trat Simon erst nach dem Ersten Weltkrieg der Sozialdemokratischen Partei bei. Vgl. Hering, Sabine/ Münchmeier, Richard: Geschichte der sozialen Arbeit, Eine Einführung, Weinheim/ München 2000, S. 261.
[88] Wachenheim: Vom Großbürgertum zur Sozialdemokratie, S. 23.

aber wenn ich sorgfältiger und vorsichtiger aufgetreten wäre, hätte ich wohl nie erreicht, was ich wollte."[89] Wachenheim gesteht in ihren Erinnerungen, dass diese plötzliche Proklamation eine „große Ungezogenheit" gewesen sei, indes wäre die Trennung von ihrer Familie mit dieser „brutalen Rücksichtslosigkeit" nur möglich gewesen, weil sie von zu Hause nicht viel Liebe erfahren habe.[90]

Wachenheim hatte diesen Entschluss nicht längere Zeit im Voraus geplant und ihn erst mit ihrer Mündigkeit und der Möglichkeit der Auszahlung ihres Erbteils in die Tat umgesetzt, wie Schwind es beschreibt[91]; ebenso wenig emanzipierte sie sich mit diesem Schritt von ihrer pädagogisch unfähigen Mutter[92]. Vielmehr ist Hedwig Wachenheim durch die Gespräche mit Ludwig Frank die vermeintliche Nutzlosigkeit ihres Daseins bewusst geworden. Anschließend suchte sie nach einer Aufgabe und einer ihr sinnvoll erscheinenden Beschäftigung. Auch diese fand sie nicht selbst, sondern musste auf die Empfehlungen einer entfernten Verwandten zurückgreifen. Schließlich entschied sie sich, in der Sozialen Wohlfahrtsschule in Berlin innerhalb von zwei Jahren als Wohlfahrtspflegerin ausgebildet zu werden. Dies schien ihr angesichts ihrer Schulbildung die einzige Möglichkeit einer Ausbildung und Flucht aus „[…] dem Scheindasein und der Scheinbeschäftigung der höheren Tochter […]"[93] zu sein.

Die Soziale Frauenschule in Berlin ging aus den ersten um 1893 von Alice Salomon und Jeanette Schwerin entstandenen Mädchen- und Frauenvereinigungen hervor. Die sogenannte „Gruppe" insistierte darauf, dass soziale Frauenberufe nicht mehr nur ein Bestandteil, sondern Grundlage des Wohlfahrtssystems werden sollten. Daraus resultierte die Idee der beruflichen Schu-

---

[89] AdsD, NL Wachenheim, Mappe II, Blatt 49f.
[90] Wachenheim: Vom Großbürgertum zur Sozialdemokratie, S. 4, 23.
[91] Schwind, Robert: Hedwig Wachenheim, eine biographische Skizze, www.diehedwig.org/meine_Bilder_und_Dateien /Hedwig_Wachenheim_biographische_Skizze_pdf (eingesehen am 22.08.2008), S. 3.
[92] Behauptung Lorecks, vgl. Loreck: Wie man früher Sozialdemokrat wurde, S. 137. Da Wachenheim von keiner heftigen Auseinandersetzung mit ihrer Mutter berichtet und auch die Beziehung zwischen ihnen in den Jahren danach nicht schwer belastet war, kann hier von einem Emanzipationsversuch kaum gesprochen werden.
[93] AdsD, NL Wachenheim, Mappe II, Blatt 49f.

lung für Fürsorgerinnen und Wohlfahrtspflegerinnen. Bereits seit 1905 boten Frauenschulen gegen die Zahlung von Schulgeld eine Ausbildung zum Beruf der Fürsorgerin für Mädchen mit dem Abschluss einer höheren Töchterschule an.[94] Die Soziale Frauenschule in Berlin-Schöneberg wurde 1908 von Alice Salomon gegründet, um dem provisorischen Charakter und Dilettantismus der sozialen Hilfsarbeit den Kampf anzusagen. Ein Bestreben der Schule war es, weiblichen Angehörigen des Bürgertums, entsprechend ihrer sozialen Verantwortung, ein sinnvolles Betätigungsfeld vorzuzeichnen und ihnen auf dem Weg der Bildung Erfüllung zu verschaffen.[95] Die Einrichtung war die erste überkonfessionelle Ausbildungsstätte ihrer Art. Den praktischen Unterricht

---

[94] Eifert, Christiane: Frauenpolitik und Wohlfahrtspflege, Zur Geschichte der Sozialdemokratischen "Arbeiterwohlfahrt", Frankfurt am Main/ New York 1993, S. 101.

[95] Die Praxis in der Sozialen Wohlfahrtsschule und deren Ideologie, aber auch das vorherrschende Bild einer bürgerlichen Frau wird durch eine Ansprache von Alice Salomon an ihre Schülerinnen besonders klar: „Wenn die jungen Mädchen sich vor diese Aufgabe [der Wohlfahrtspflege und Fürsorge, d.V.] gestellt sehen, wenn sie sich die Frage vorlegen, was das Leben von ihnen an Pflichten fordert, was es an Glück verheißt, so werden sie in den meisten Fällen nur negative Antworten finden. Denn von ihnen werden keine Pflichten gefordert, und für sie scheint auch kein Glücksgefühl vorgesehen zu sein. [...] Alles, was man den jungen Mädchen der besitzenden Klasse, denen die Ausübung eines Berufes nicht gestattet wird, an Beschäftigung bietet, kann ihnen keinen wirklichen Inhalt geben. Es sind Beschäftigungen, keine Pflichten, es sind Vergnügungen, kein Glück. [...] Jeder Mensch braucht, um seines Lebens froh zu werden, daß Gefühl, daß sein Leben einen Zweck hat, daß er ein Wert in der Welt ist, daß er Ziele hat, denen er zustrebt, Ideale, die er verwirklichen kann. Den jungen Mädchen aber bietet das Leben keine solchen Ziele und Ideale. Und so verbringen sie die Tage damit, kleine Dinge zu tun, denen sie selbst keinen Wert beimessen können, kleine Ziele zu erreichen, die sie nicht unter ein großes Ziel einordnen können. Sie lernen fremde Sprachen ohne zu wissen, ob sie diese Kenntnisse jemals anwenden werden; sie verrichten im Hause kleine unbedeutende Aufgaben und müssen selbst darüber klar sein, daß sie hier kein Platz ausfüllen, keine Lücken zurücklassen werden. [...] Wer nicht im Beruf, wer nicht in der Familie ein Arbeitsfeld findet, indem er sein Kräfte nutzen, für das Ganze wirken kann, [...] der kann und muß da helfen, wo unser Gemeinschaftsleben nach Hilfskräften verlangt, auf dem Gebiet der sozialen Arbeit. Die moderne wirtschaftliche Entwicklung, die das Leben weiter Kreise so viel einflußreicher gegen früher gestaltet, hat auch unser Verantwortungsbewußtsein verfeinert. Wir wissen, daß wir, die von großer Arbeit befreit sind, daraus nicht das Recht entnehmen dürfen, uns an der verfeinerten Kultur zu erfreuen, ein Leben des Müßigganges, des Genußes zu führen, ohne zu Trägern höherer Kultur zu werden, ohne den Schichten der Bevölkerung, die uns durch ihre Arbeit das leben erleichtern, zu besseren Daseinsbedingungen zu verhelfen." zitiert nach Eggemann, Maike: Alice Salomon, in: Dies./ Hering, Sabine (Hg.): Wegbereiterinnen der modernen Sozialarbeit, Texte und Biographien zur Entwicklung der Wohlfahrtspflege, Weinheim, München 1999, S. 159-182, S. 167f.

erhielten die circa 70 Schülerinnen unter anderem in der Zentrale für private Wohlfahrt, gemeinnützigen Rechtsauskunftsstellen und im Verein für Blindenhilfe.[96]

Obwohl Hedwig Wachenheim mit dem Ende der Lehrzeit den Berufseintritt und somit den Beginn ihrer Selbstständigkeit anstrebte, spürte sie in der Ausbildung früh, dass sie sich als Fürsorgerin nicht eignete, da sie wirkliches Interesse nur für Personen hatte, die ihr Leben selbstständig gestalten konnten. Außerdem schreckte sie die weibliche Sentimentalität ab, die eng mit dem Beruf der Fürsorgerin verknüpft war.[97] Und auch der praktische Teil der Ausbildung setzte Wachenheim im ersten Jahr zu: Denn wie sollte sie zweckmäßige Hilfe anbieten können, wenn sie noch nicht einmal wusste, woran kochendes Wasser erkennbar ist.[98] Gleichwohl begann sie, während ihrer Ausbildungszeit selbständig zu denken. Sie wurde von der Idee gefesselt, nach Mitteln zu suchen, die die Not überwanden, anstatt sie nur zu lindern. Außerdem entwickelte Wachenheim durch den Staatskundeunterricht von Margarete Treuge politisches Interesse. Im Rückblick beurteilte sie die Vermittlung von Fachkenntnissen, die Einführung in die Wissensaneignung sowie die Anleitung zur ernsten Betrachtung des Lebens, die sie in der Berliner Schule erhalten habe, als fruchtbar.[99]

Dass sich Hedwig Wachenheim zunächst in der bürgerlichen Frauenbewegung betätigte, war weder ein Ausbruch aus ihrer Lebenswelt, noch etwas Ungewöhnliches. Ein Teil des Bürgertums engagierte sich altruistisch und zugleich eigennützig in der Wohlfahrtspflege, besonders Frauen widmeten sich aufgrund ihres weiblichen Selbstverständnisses Aufgaben im Bereich der Nächstenliebe.[100] Dies kam zum einen dem vorherrschenden Bild der treu

---

[96] Wachenheim: Vom Großbürgertum zur Sozialdemokratie, S. 30.
[97] Ebd., S. 27, 30f.
[98] Ebd., S. 3.
[99] Ebd., S. 33-35. Neben Margarete Treuge waren Frida Duensing (1864-1921, Leiterin der ersten Berliner Jugendfürsorge), Alfred Levy (Vorsitzender der Berliner Zentrale für private Fürsorge), Lili Droescher (1871-1944, Leiterin des Pestalozzi-Fröbel-Hauses I) und Gertrud Bäumer (1873-1954, Vorsitzende des Bundes Deutscher Frauenvereine) als Lehrkräfte in der Berliner Sozialen Wohlfahrtsschule tätig.
[100] Besonders die im Jahr 1892 gegründete „Gesellschaft für ethische Kultur" wollte ideologisch wirken und das Bild des generösen Bürgers, der sich zum „verschämten Armen" hinabneigt

sorgenden Ehefrau entgegen: „Helfen, Heilen, Tränen trocknen" entsprach dem „naturgegebenen Wesen" der Frau, zugleich war es aber für diese eine Möglichkeit, sich außerhalb des Häuslichen in der öffentlichen Sphäre zu engagieren.[101] Doch für Wachenheim bedeutete die Mitwirkung in der Wohlfahrtspflege zweierlei: Selbstständigkeit und neue Erfahrungen. Zum einen entfloh sie mit Ausbildungsbeginn der direkten Einflussnahme ihrer Familie. Mannheim und Berlin waren beinahe eine Tagesreise voneinander entfernt und direkte Verwandte gab es in der Großstadt nicht, sodass Wachenheim in einer Pension wohnte und eigenhändig ihren Tagesablauf gestalten konnte. Zum anderen sammelte sie durch die Ausbildung neue Erfahrungen und kam erstmals mit Menschen jenseits ihres Milieus in Kontakt, die ihr Bewusstsein erweiterten und ihre Vorstellung von der Welt veränderten.

*3.1.2 Der politische Mentor und persönliche Wegbegleiter Ludwig Frank*

Wenngleich Wachenheim einige Anregungen aus der Berliner Frauenschule mitnahm – Fürsorgerin wollte sie nicht werden. Dennoch schien sie gern in Berlin, fernab ihres Elternhauses, gewesen zu sein, denn hier hielt sich auch Ludwig Frank auf. „Eigentlich war ich nur auf einen Flirt mit einem berühmten Mann aus gewesen, fühlte mich aber unfähig, soviel Zartgefühl zurückzuweisen, und sagte mir auch, daß ich nie wieder im Leben so gut behandelt werden würde und mir niemand anderes ein so interessantes Leben bieten könnte. Dieser meiner kühlen Überlegung folgte sehr bald eine große Leidenschaft."[102] Für eine erste Kontaktaufnahme zu Frank in Berlin bat Wachenheim ihn um Karten für die Zuschauertribüne des Reichstags. Bereits am 4. Dezember 1912 wohnte Wachenheim einer Debatte bei und aß anschließend gemeinsam mit Frank im Reichstagsrestaurant. Danach trafen sich er und Wachenheim häufiger und sprachen viel über Politik und die Arbeiterpartei. Allerdings

---

durch die Vorstellung ersetzen, dass Wohlfahrtspflege durch die Tugenden Humanität und Brüderlichkeit bestimmt wird und als soziale Pflicht, anstelle als zu gewährende Gnade betrachtet wird. Vgl. Wenzel, Cornelia: Jeanette Schwerin, in: Eggemann, Maike/ Hering, Sabine (Hg.): Wegbereiterinnen der modernen Sozialarbeit, Texte und Biographien zur Entwicklung der Wohlfahrtspflege, Weinheim/ München 1999, S. 46-62, S. 48.

[101] Hering: Geschichte der sozialen Arbeit, S. 47, 49.
[102] Wachenheim: Vom Großbürgertum zur Sozialdemokratie, S. 39.

hörte sie eher zu, während Frank sprach. Doch für Wachenheim waren diese Begegnungen Anlass genug, sich genauestens über die Politik von Ludwig Frank und dessen Partei zu informieren. Dafür abonnierte sie die sozialdemokratischen Blätter „Mannheimer Volksstimme" und „Vorwärts". In ihren Memoiren betont Wachenheim zwar nachdrücklich, dass Ludwig Frank sie weder beeinflussen noch organisieren wollte, dennoch gab sie zu: „Gegen Franks mit soviel Wärme vorgetragenen Glauben an seine Mission, gegen seine politischen Pläne und Entscheidungen gab es bei mir überhaupt keinen Widerstand, sie gingen einfach auf mich über. So wurde ich »vereinnahmt«."[103]

Über Ludwig Frank erweiterten sich bald die Kontaktkreise Wachenheims. Seit Jahresbeginn 1913 begleitete sie ihn häufig in das Café Josty am Potsdamer Platz, das legendär für seine Kaffeehauskultur war und zu einem äußert beliebten Treffpunkt von Literaten, Künstlern und Politikern avancierte.[104] So lernte sie im Café Josty Männer und Frauen kennen, die ihre gesamte Energie in die Sozialdemokratische Partei investierten, sie entwickelte großen Respekt vor den Arbeiterführern Emanuel Wurm, Ernst Heilmann, Rudolf Hilferding oder Karl Liebknecht und durch die Diskussionen am sogenannten „Revisionistenstammtisch" geriet Wachenheim immer mehr in den Sog der sozialdemokratischen Partei.[105] Auf Anregung von Frank saß Wachenheim

---

[103] Wachenheim: Vom Großbürgertum zur Sozialdemokratie, S. 36, 38. Wie nah sich Frank und Wachenheim tatsächlich kamen, darauf gibt die unterkühlte Memoirenerzählerin keine konkrete Auskunft. Es ist lediglich zu erfahren, dass Frank seine Zuneigung nicht mehr habe verbergen können.

[104] Das Josty bestand seit circa 1812 in Berlin, allerdings an der Stechbahn 1 (heute: Berliner Stadtschloss). Gegründet von den Gebr. Josty, die Ende des 18. Jahrhunderts aus Sils, Schweiz, auswanderten und 1796 die Zuckerbäckerei Johan Josty & Co. gründeten. Ab 1880 zog das Café an den Potsdamer Platz und wurde um 1900 an die Witze des Gründers des Café Bauers verkauft und modernisiert. Anfang 1913 verkehrten in der „literarisch angehauchten Konditorei", die auch den Königshof belieferte, neben den berühmten Sozialdemokraten auch Franz Kafka und der Kreis um Else Lasker-Schüler. Vgl. Stach, Reiner: Kafka, Jahre der Entscheidung, Frankfurt am Main 2004, S. 297-301.; Lasker, Schüler, Else: Unser Café, Ein offener Brief an Paul Block Werke und Briefe, Kritische Ausgabe Band 3.1, Prosa 1903-1920, bearbeitet von Ricarda Dick, Jüdischer Verlag 1998, S. 291-292.

[105] Der politische Stammtisch im Josty setzte sich größtenteils aus folgenden Diskutanten zusammen: Karl Hildenbrand (1864-1935, 1903-1933 MdR), Wilhelm Keil (1870-1968, 1910-1932 MdR), George Weil (1882-1970, 1912-1915 MdR), Friedrich Stampfer (1874-1957, 1916-1933 Chefredakteur des Vorwärts, 1920-1933 MdR), Emmanuel Wurm (1857-1920, 1912-1920 MdR, 1918-1919 Staatssekretär des Reichsernährungsamtes), Curt Baake (1864-

während der sitzungsfreien Wochen auch häufig ohne ihn im Café am Potsdamer Platz, dann meist in Begleitung von Friedrich Stampfer. Dieser habe ihr Parteigeschichte und -anekdoten beigebracht, derweil sie im großen Kreis und von Ludwig Frank die Bedeutung der aktuellen Fragen lernte.

Während Wachenheim der Arbeiterbewegung immer näher kam, änderte sie ihren Lebensstil kaum. Sie fuhr weiterhin in den Sommerurlaub, gab mit ihrer Mutter, wenn sie in Mannheim war, Gesellschaften und auch in Berlin führte sie ein standesgemäßes Leben.[106] Sie wohnte in einem angesehenen Pensionat, ging mit den Mitbewohnern regelmäßig zum Tanz und unternahm aufwendige Ausflüge. Selbst ihre politische Prägung konnte Wachenheim nicht verleugnen. So begleitete sie eine Freundin aus der Pension ein paar Mal zu Veranstaltungen der Fortschrittlichen Partei. Doch selbst Friedrich Naumann habe sie nicht sonderlich mitgerissen.[107]

### 3.1.3 Zum Parteieintritt verführt durch „wahre Helden" und Abenteuerlust

Die wirklich beeindruckenden Persönlichkeiten schien sie in der Sozialdemokratie respektive im Café Josty getroffen zu haben. So schrieb sie selbst in ihrer Darstellung über die Arbeiterbewegung, dass ihresgleichen – also Menschen mit bürgerlicher Herkunft – in die Sozialdemokratie eingetreten seien, da dort, im Gegensatz zum Theater oder der Literatur, die „wahren Helden" zu

---

1938, Kulturpolitiker), Ernst Heilmann (1881-1940, 1919-1933 SPD-Fraktionsvorsitzender im Preußischen Landtag, 1928-1933 MdR), Rudolf Breitscheid (1874-1944, 1914-1920 Stadtverordneter in Berlin, 1920-1933 MdR), Salomon Grumbach (1884-1952, nach 1918 führender Politiker in der französischen Arbeiterbewegung), Rudolf Hilferding (1877-1941, 1922-1933 MdR, 1928-1929 Reichsfinanzminister), gelegentlich Karl Liebknecht (1871-1919, 1912-1918 MdR) und Philipp Scheidemann (1865-1939, seit 1911 SPD-Parteivorstand, 1903-1933 MdR, 1919 Reichministerpräsident). Vgl. Wachenheim: Vom Großbürgertum zur Sozialdemokratie, S. 41f., 46, 143-157.

[106] Über Berlin hinaus kam Wachenheim auch in Baden durch Frank in Kontakt mit der Sozialdemokratie. So begleitete sie ihn im Herbst 1913 mit Erlaubnis ihrer Mutter und der Schwester als Anstandsdame auf eine Versammlung der Tabakarbeiter. Um ungestört zu sein, führen sie mit einem Opel zu dem Veranstaltungsort, der sich außerhalb Mannheims befand. Es war die erste Autofahrt für Wachenheim. Ebd., S. 47.

[107] Ebd., S. 33, 46.

finden seien.[108] Außerdem sei für Wachenheim der Kontakt zur Arbeiterpartei, wenn man sich ernsthaft für die Probleme der Wohlfahrtspflege interessierte, ganz natürlich und selbstverständlich gewesen. „Ich sah die Not als Massenerscheinung der modernen Gesellschaft, die durch gesellschaftliche Reform bekämpft werden musste." Und die Leidenschaft sowie Kraft der Volksbewegung machte „[...] die Sozialdemokratie für junge Menschen, die sich vom Bürgertum abkehren wollten, anziehend [...]". Wachenheim schreibt weiter, dass für junge Gestalten wie sie, deren Leben in einem „bürgerlich-situierten Elternhaus" aus Langeweile bestünde, die Berührung mit der Partei ein großes Erlebnis gewesen sei.[109] Hier wird deutlich, dass weder Altruismus, noch utopisch-gesellschaftliche Vorstellungen oder gar der Wille zur Veränderung Wachenheim in die Nähe der Arbeiterpartei trieben, sondern einzig die Abenteuerlust und die Sehnsucht nach ein wenig Spannung in ihrem Leben. Die Randbemerkung, dass sie durch die ernsthafte Beschäftigung mit der Wohlfahrtspflege in Parteiberührung gekommen sei, ist eine retrospektive Deutung. Das Bedürfnis, die Beziehung zwischen Wohlfahrtspflege und Staat zu verändern, entwickelte Wachenheim erst nach und nach, je tiefer sie während ihrer Ausbildung in die Problematik eindrang, je intensiver sie die sozialdemokratische Politik im Josty kennenlernte. Doch zunächst war es die Suche nach Aufregung, die spannenden Begegnungen mit anregenden und berühmten Menschen, die Wachenheim in die Partei hineinzog. Sie befand sich am äußeren Rand eines Strudels, in dessen Mitte die Sozialdemokratische Partei lag und nach 14 Monaten war der Sog so stark, dass sie der Partei beitrat.

Am 8. März 1914 eröffnete der Frauentag die sogenannte „Rote Woche", eine Kampagne zur Werbung neuer Mitglieder, die zu Ehren der Märzgefallenen des Jahres 1848 veranstaltet wurde. Nachdem Stampfer sie drei Tage lang eindringlich bedrängte, trat Wachenheim am Mittwoch, den 11. März 1914 dem Berliner Bezirksverband der Sozialdemokratischen Partei bei.[110] Leicht fiel ihr diese Entscheidung nicht. Schließlich wollte sie eine bedeutsame Stel-

---

[108] Wachenheim, Hedwig: Die deutsche Arbeiterbewegung 1844 bis 1914, Opladen 1971, S. 256.
[109] AdsD, NL Wachenheim, Mappe 1, Blatt 6.
[110] Das Beitrittsdatum ist in Wachenheims Parteibuch vermerkt. Vgl. AdsD, NL Wachenheim, Historische Kommission, Mappe 1.

lung innerhalb der sozialen Arbeit erlangen, die ihr Alice Salomon für Mannheim bereits in Aussicht gestellt hatte und Wachenheim fürchtete, sich diese Chance durch den Parteieintritt zu verderben. Daher kontaktierte sie Ludwig Frank und erbat sich eine indirekte Bestätigung ihres Beitritts, bevor sie zu dem Schluss kam, dass für eine Sache, an die man glaube, also für die Partei, Opfer erbracht werden müssten.[111]

Dass Wachenheim der Sozialdemokratie beigetreten sei, weil sie ihrer Umgebung kritisch gegenübergestanden habe, wie es Miller im Vorwort der Memoiren behauptet[112] oder weil sie in ihrem ersten Beruf als Schauspielerin gescheitert sei, wie es Loreck interpretiert[113], ist unzutreffend. Wachenheim war auch aufgrund ihrer jüdischen Familie kein gesellschaftlicher Außenseiter und musste sich nicht den anderen Ausgestoßenen der Gesellschaft, den Sozialdemokraten, anschließen wie Ernst Heilmann[114]. Sie wurde auch keine Sozialdemokratin, nachdem sie das Elend der Arbeiterklasse kennenlernte, wie beispielsweise der Bürgersohn Siegfried Marck.[115] Sie empörte sich nicht über gesellschaftliche Ungerechtigkeit, ihr Engagement wurzelte weder in Nächstenliebe, Hoffnung, Mitleid, Glauben, Verbitterung oder Enttäuschung – Motive, die viele bürgerliche Akademiker, besonders um 1919, in die Sozialdemokratie trieben.[116] Hedwig Wachenheim trat mit 22 Jahren der Partei in Berlin fern ihrer Heimatstadt bei. Es war ein Prozess, an dessen Ende ihr erst bewusst wurde, dass sie nun eine Grenze überschritt, die die Abenteuerlust und das Amüsement von der Ernsthaftigkeit trennte. Doch zunächst kehrte Wachenheim im Frühsommer des Jahres 1914 nach Mannheim zurück. Hier wusste noch niemand, dass sie Mitglied der Sozialdemokratischen Partei war, und somit blieb ihr Leben vorerst in den gewohnten Bahnen.

---

[111] Wachenheim: Vom Großbürgertum zur Sozialdemokratie, S. 48. Da Wachenheim Frank in einem Brief bat, ihren Parteieintritt „zu vermitteln", schrieb ihr wenige Tage nach dem Beitritt Eduard Bernstein, dass Wachenheim bei ihm vorstellig werden sollte. So kam sie nun auch außerhalb der Josty-Runde mit der Parteielite in Kontakt.

[112] Ebd., S. X.

[113] Loreck: Wie man früher Sozialdemokrat wurde, S. 137.

[114] Lösche: Ernst Heilmann (1881-1940), S. 101.

[115] Walter: Siegfried Marck (1989-1957), S. 255.

[116] Ders.: Sozialistische Akademiker- und Intellektuellenorganisationen in der Weimarer Republik, S. 127.

## 3.2 Carlo Schmid: Besser spät als nie – Genosse mit 50 Jahren

### *3.2.1 Schuldgefühle oder Zufälle – Schmids Eintritt in ein politisches Leben*

Und wie fand Carlo Schmid nach der Zäsur des Zweiten Weltkriegs zur Partei? Biografen und Festschriftautoren verweisen bei dieser Angelegenheit regelmäßig auf Selbstzeugnisse Schmids:[117] Vor allem in seinen Erinnerungen stilisiert er seine Entscheidung für die Sozialdemokratische Partei als Folge eines Damaskuserlebnisses. Er gibt sich und seinesgleichen die Schuld für den Untergang der Weimarer Republik.[118] Weil er sich damals der Verantwortlichkeit entzogen habe, müsse er diese jetzt erst recht übernehmen, sich zur Verfügung stellen und auf das politische „Forum" begeben[119], – um sich „[...] zwischen den armen Teufeln und den dunklen Wolken [zu] stellen [...]"[120].

Die Vorstellung von einer schützenswürdigen und hilfsbedürftigen breiten Masse entsprang durchaus auch Schmids Utopie eines elitären Staatengebildes, und insofern war seine antike Metaphorik auch kein Zufall. Denn die sittlich gebildete, verantwortungsvoll handelnde Elite einer Nation ist für den Verehrer der griechisch-römischen Antike die bestmögliche Herrschaftsform eines kulturell hoch stehenden Gemeinwesens.[121] Sein aus der konzentrierten Beschäftigung mit Dante und der Bekanntschaft des Gregorianers Wolfgang Frommel herrührendes Leitbild, der sogenannte „Dritte Humanismus", enthielt neben dem Elitismus gleichfalls die Idee von der Erziehbarkeit des Menschen, aber auch von der selbstbestimmten Entfaltung des Individuums durch Bildung. Carlo Schmid fühlte sich angesichts seines kulturellen Kapitals nach

---

[117] Weber: Carlo Schmid 1896-1979, S. 259.; Merseburger, Peter: Der schwierige Deutsche Kurt Schumacher, Eine Biographie, 3. Aufl., Stuttgart 1996, S. 107.

[118] Schmid: Erinnerungen, S. 217.

[119] Schmid, Carlo: Goethe als Wegweiser zu mir selbst, in: Ders.: Europa und die Macht des Geistes, Gesammelte Werke in Einzelausgaben, Bd. 2, Bern/ München/ Wien 1973, S.357-375, S. 358.

[120] AdsD, NLCS 649, Schmid an Envangelos Papenutzos.

[121] Fetscher, Iring: Carlo Schmid - ein Homme de lettres in der Politik, in: Friedrich-Ebert-Stiftung (Hg.): Europa und die Macht des Geistes, Gedanken über Carlo Schmid (1896-1979), Bonn 1997, S.86-106, S. 87.

1945 als elitäre Kraft berufen, in die Geschicke des besiegten Deutschlands einzugreifen, aber auch einen Beitrag für die Menschenbildung zu leisten.[122]

Aber gerade diese heroische Selbststilisierung muss als nachträgliche Deutung seines Tuns dechiffriert werden. Das Schuldbekenntnis und das daraus abgeleitete Handlungsmotiv des sich elitär dünkende Carlo Schmid entsprachen weder den pragmatischen Anforderungen der chaotischen Nachkriegszeit noch erklären sie, warum der Bildungsbürger seine Fähigkeiten nicht einer ihm verwandteren Vereinigung in den Dienst stellte: Alternativen, wie die Christlich-Demokratische-Partei, die damals überall im Land im Aufbau begriffen war, oder die Freien Demokraten, bei denen Schmid so viel mehr Gleichgesinnte angetroffen hätte, existierten auch in Tübingen.

Doch zunächst: Wie sahen denn überhaupt die Realitäten für Carlo Schmid am Ende des Zweiten Weltkrieges aus? Im April 1945 marschierten die französischen Truppen in Tübingen ein. Schmid und einige andere Honoratioren der Stadt meldeten sich unmittelbar nach der französischen Besetzung im Tübinger Rathaus, um tatkräftige Mitarbeit anzubieten.[123] Die Militärs waren besonders über Carlo Schmids Anwesenheit hoch erfreut, da sie endlich jemanden gefunden hatten, mit dem eine französischsprachige Verständigung möglich wurde. Schmid übersetzte den verblüfft dreinschauenden und bis dahin verständnislos übrig gebliebenen Administratoren des Dritten Reiches die Quartier- und Requisitionswünsche der Franzosen. Dieser Schritt erforderte außerordentlichen Mut, denn Frankreich war immerhin jahrelang von deutscher Besatzung leidgeprüft, zweigeteilt und systematisch ausgeplündert worden. Die Gefahr einer ungezügelten und gnadenlosen französischen Revanche-Politik gegen die verabscheuten „Boches"[124] bestand durchaus.

Die Franzosen waren bei ihrem Siegeszug in Deutschland freilich nicht völlig unvorbereitet, bereits Wochen zuvor hatten sie Informationen über relativ unbelastete Eliten eingeholt, sich gleichermaßen über die Tätigkeit Carlo

---

[122] Schmid, Carlo: Die deutschen Bildungsschichten und die Politik, in: Ders.: Politik muß menschlich sein, Politische Essays, Bern/ München 1980, S.80-102, S. 99f.
[123] Werner, Hermann: Tübingen 1945, Eine Chronik, Bearbeitet und mit einem Anhang versehen von Manfred Schmid, Stuttgart 1986, S. 84.
[124] Wolfrum, Edgar: Die geglückte Demokratie, Geschichte der Bundesrepublik Deutschland von ihren Anfängen bis zur Gegenwart, Stuttgart 2006, S. 22.

Schmids im Dritten Reich erkundigt.[125] Dass Schmid seit August 1933 als Mitglied im Bund Nationalsozialistischer Deutscher Juristen und ab 1934 überdies in der Nationalsozialistischen Volkswohlfahrt registriert war, darüber mögen sie – sofern sie orientiert waren – hinweggesehen haben. Denn diese Mitgliedschaften waren ausschließlich Feigenblätter und bewirkten, dass der vierfache Familienvater seine Stellung als Gerichtsreferendar und Privatdozent an der Universität Tübingen behalten konnte. Von den nächtlichen Radiosendungen Schmids in der Mitte der 1930er Jahre wiederum, in denen er unterschwellig Kritik an den nationalsozialistischen Machthabern äußerte, sowie den Dante-Abenden, wo er begabte Studenten und Mitarbeiter in seinem Hause versammelte, die den Gedanken der Geistesaristokratie favorisierten und die Massendemokratie in Anlehnung an den von Schmid bewunderten Stefan George verachteten[126], dürften die Franzosen kaum gewusst haben. Bekannt wird ihnen hingegen gewesen sein, dass Schmid, seit 1936 Leutnant der Reserve beim Heer, von 1940 bis 1944 als Kriegsverwaltungsrat in Lille tätig gewesen war. Sie werden jedoch frühzeitig rekonstruiert haben, dass sich Carlo Schmid möglichst um Milderung des deutschen Besatzungsregimes auf französischem Boden bemüht hatte: Er bewahrte nordfranzösische Jugendliche vor dem Arbeitslager und der Zwangsverschickung nach Deutschland, warnte zum Teil die Résistance vor deutschen Kommandos und konnte einige von ihnen sogar vor der Vollstreckung der Todesurteile bewahren.

Doch es war nicht nur Schmids Drahtseilakt zwischen deutschem Besatzer und mäßigend wirkendem Humanisten in Lille, der ihn in den Augen der französischen Offiziere vertrauenswürdig erscheinen ließ, sondern auch seine französische Herkunft. Gerade weil er sich jahrelang intensiv mit der französischen Literatur auseinandergesetzt hatte, verstand er die französische Seele. Dies spürten die Besatzer in Tübingen 1945, sodass Schmid rasch zu ihrem Verbindungsmann wurde. Diesen Eindruck verstärkten die persönlichen Begegnungen. Im Gegensatz zu den anderen Alliierten kannten die Franzosen keine Fraternisierungsklausel. So gab es von Anfang an Zusammenkünfte bei

---

[125] Nüske, Gerd Friedrich: Württemberg-Hohenzollern als Land der französischen Besatzungszone in Deutschland 1945-1952, Bemerkungen zur Politik der Besatzungsmächte in Südwestdeutschland, in: Zeitschrift für Hohenzollerische Geschichte 18 (1982), S. 179-278, 240.

[126] Weber: Carlo Schmid 1896-1979, S. 88.

passablem Wein und vorzüglichem Essen[127] – Leidenschaften, die Schmid mit den Besatzern teilte –, bei denen letztere mit Verwunderung und Anerkennung zur Kenntnis nahmen, dass sich der Deutsche mitunter besser in der Literatur und Prosa der Grande Nation auskannte als sie selbst.[128]

Carlo Schmid war demnach 1945 aufgrund seiner relativ unbelasteten Vergangenheit, seiner ausgezeichneten Sprachkenntnisse und Dolmetscherfähigkeiten, seiner vorhandenen Bereitschaft zu Mithilfe im Wiederaufbau und wegen seiner kulturellen Nähe zu Frankreich wichtig für die französische Militärverwaltung. Im Mai gaben die französischen Besatzer die Erlaubnis, eine Art überparteilichen Gemeinderat mit im weitesten Sinne demokratisch bewährten Männern zu gründen.[129] Diese voreilige Maßnahme musste zwar wieder rückgängig gemacht werden, dennoch zeigt die Wahl Schmids zum Vorsitzenden des Gemeinderates, dass die privilegierten Kontakte zu den Franzosen und die Kraft seines sozialen Status – immerhin war er nun nicht mehr Richter sondern außerplanmäßiger Professor in Tübingen – bewirkten, dass er schnell als Honoratior der Stadt wahrgenommen wurde.

Daneben nahm Schmid an den Versammlungen des antifaschistischen Blocks in Tübingen teil. Das waren Zusammenkünfte, die nach der Befreiung spontan aus aufbauwilligen antifaschistischen Kräften in den größeren Städten entstanden, um die Bedürfnisse des alltäglichen Lebens zu befriedigen.[130] Schmid wollte verhindern, dass sich diese Gruppierung in Tübingen als ein Forum kommunistischer Agitation entwickelte. So beteiligte er sich gemeinsam mit Bekannten aus den 1920er und 1930er Jahren am antifaschistischen Block und wurde schnell dessen führende Persönlichkeit. Durch sein coura-

---

[127] Eschenburg, Theodor: Carlo Schmid und die französische Besatzungspolitik, in: Knipping, Franz/ Le Rider, Jacques unter Mitarbeit von Mayer, Karl J. (Hg.): Frankreichs Kulturpolitik in Deutschland, 1945-1950, Tübingen 1987, S. 293-300, S. 296.

[128] Carlo Schmids Interesse für die französische Literatur konnte aber auch nur deshalb zum Vorteil, zum Verbindungselement zu den Franzosen werden, weil sich unter den Besatzern eine Reihe literarisch interessierter Leute fanden, wie beispielsweise der französische Polizeipräsident, der ein großer Kenner Hölderlins war. Vgl. Eschenburg, Theodor: Letzten Endes meine ich doch, Erinnerungen 1933 - 1999, Berlin 2000, S. 93.

[129] Werner: Tübingen 1945, S. 112f.

[130] Irek, Joachim: Mannheim in den Jahren 1945-1949, Geschichte einer Stadt zwischen Diktatur und Republik, Stuttgart/ Berlin/ Köln u.a. 1983, S. 53.

giertes, von dem Vertrauen der französischen Besatzungsmacht getragenes Auftreten fand Carlo Schmid den Einstieg in ein politisch tätiges Leben. Zunächst unbehelligt von alten Partei- und Machtstrukturen konnte Schmid in einer offenen, mit personellen Leerstellen einhergehenden Situation der Auftakt in der Politik gelingen.

### 3.2.2 Ressourcen seiner bürgerlichen Herkunft

Carlo Schmid versammelte in dieser Anfangszeit ausgesprochen geschickt alte und loyale, ihn bewundernde, aber auch durch ihre Kenntnisse zur Mitarbeit befähigte Freunde um sich: Da waren die drei Richter am Tübinger Amtsgericht, mit denen Schmid ab 1933 einen eigenen Juristenstammtisch bildete, da sie keine NSDAP-Mitglieder waren (Victor Renner, Nellmann und Biedermann); da konnte Schmid begabte Verwaltungsfachleute verpflichten, die er in seinen Universitätsseminaren um sich geschart hatte (Gustav von Schmoller und Dietrich Roser); es unterstützten ihn Universitätsintellektuelle, die er von den Dante-Abenden kannte und Gleichgesinnte vom Künstlerstammtisch des Café Völters (Gustav Adolf Rieth und Gerd Müller) – all jene, bald als „Karlisten" bekannte Gruppe[131] – bestimmten im Handumdrehen die Nachkriegspolitik in Tübingen.[132] Allesamt Männer mit einem bürgerlichen Hintergrund ohne besondere Affinitäten zur Arbeiterpartei. Schmid engagierte sich im Frühjahr und Sommer 1945 als Honoratior in Tübingen ohne spezifische par-

---

[131] Schmid, Martin: Erinnerungen, in: Knipping, Franz/ Le Rider, Jacques unter Mitarbeit von Mayer, Karl J. (Hg.): Frankreichs Kulturpolitik in Deutschland, 1945-1950, Tübingen 1987, S. 301-310, S. 306f.

[132] Parallel zu diesen Ereignissen setzte Oberst Niel während der kurzen französischen Besatzung Stuttgarts, bei dem zum Oberbürgermeister ernannten Arnulf Klett gegen dessen Willen Schmids Ernennung zum Landesdirektor für Kultur und Erziehung durch. In einem vollständig durch die Franzosen besetzten Württemberg wäre Schmid eine Art Kultusminister geworden und seine spätere Karriere hätte vielleicht einen anderen Weg genommen. Allerdings mussten sich die Franzosen auf Drängen der Amerikaner im September 1945 endgültig aus Stuttgart zurückziehen und ihre favorisierten deutschen Verwaltungskräfte mitnehmen. Allerdings versuchte Schmid einer Landesteilung entgegenzuwirken, sodass er erreichen konnte, eine Art Verbindungsmann zwischen Stuttgart und Tübingen zu bleiben. Vgl. Raberg, Frank (Hg.): Die Protokolle der Regierung von Württemberg-Hohenzollern, Erster Band, Das Erste und Zweite Staatssekretariat Schmid 1945-1947, Stuttgart 2004, S. LXII.

teipolitische Kontakte. Stattdessen nutzte er Verbindungen aus seinem bürgerlichen Umfeld, um pragmatische Politik zu betreiben.

Gleichzeitig führte Carlo Schmid im September 1945 mit der Militärregierung informelle Verhandlungen über die Organisation der Verwaltung des französisch besetzten Württembergs, dem sogenannten Württemberg-Hohenzollern. Er konnte erreichen, dass am 16. Oktober ein Staatssekretariat, eine Art Interimsregierung, für Württemberg-Hohenzollern installiert wurde, dessen Staatsrat, also Vorsitzender, er selbst wurde. Dem Staatsrat waren die Landesdirektoren – gleichsam die Minister – des kleinen, circa eine Millionen Einwohner fassenden Ländchens unterstellt. Die Posten der Landesdirektoren konnte Schmid im Einvernehmen mit den Besatzern bestimmen, sodass zu den Ressortchefs des Inneren, der Finanzen, der Arbeit und der Wirtschaft in Tübingen ausgebildete Juristen oder Germanisten beziehungsweise Altphilologen berufen wurden also im Geiste mit Schmid eng verwandte Personen. Gemeinsame Denkweisen und Termini erleichterten die Verständigung im Landesdirektorium, in dem der gelehrte und geistige Akzent der Politik, aber auch der Idealismus zur gesellschaftlichen und staatlichen Neugestaltung deutlich zu spüren waren. Schmid, der nicht nur Staatsrat, sondern auch gleichzeitig Landesdirektor für Kultus, Erziehung und Kunst sowie für Justiz war, und seine Landesdirektoren spielten sich treffende Zitate von Aristoteles, Thomas von Aquin, Luther, Hobbes, Rousseau, Kant und Marx zu.[133] Gleichgesinnte setzte Schmid auch in den ihm unterstellten Behörden durch. So beauftrage er seinen Schüler G.H. Müller mit dem Aufbau des Direktorialamtes, dem Vorläufer der späteren Staatskanzlei von Baden-Württemberg. Die Behörde wurde zur Schaltstelle der Regierungsarbeit, ihr oblag die Koordination der einzelnen Verwaltungszweige und die Ausführung der Beschlüsse.[134] Daneben hielt Schmid nach qualifizierten jungen Beamten Ausschau, die er mitunter in ande-

---

[133] Eschenburg, Theodor: Aus den Anfängen des Landes Württemberg-Hohenzollern, in: Ders./ Heuss, Theodor/ Zinn, Georg-August unter Mitwirkung von Hennis, Wilhelm (Hg.): Festgabe für Carlo Schmid, Zum 65. Geburtstag, Dargebracht von Freunden, Schülern und Kollegen, Tübingen 1962, S. 56-80, S. 65.

[134] Vgl. 17. Sitzung der Landesdirektoren am 11.12.1945, in: Raberg (Hg.): Die Protokolle der Regierung von Württemberg-Hohenzollern, S. 53-56.

ren Zonen abwarb, wie beispielsweise Theodor Eschenburg, den er erst zum Flüchtlingskommissar und dann zum Ministerialrat ernannte.[135]

Carlo Schmid bewies nicht nur durch die kluge Auswahl ähnlich denkender und begabter Mitarbeiter politisches Geschick. Er nutzte außerdem großzügig die Autorität seiner Stellung als Regierungschef und Leiter zweier Ressorts. Indem er die Geschäftsordnung der Kabinettssitzung und das Statut des Staatssekretariats eigenhändig formulierte, fixierte er en passant, dass der Ministerpräsident einzig und allein der Besatzungsmacht gegenüber verantwortlich war. Ferner setzte der politische Neuling seine ihm durch das Besatzungsregiment im Vertrauen verliehene Macht konsequent in einen verhältnismäßig autoritären Arbeitsstil um. Schmid selbst sprach in diesem Zusammenhang von einer aufgeklärten Demokratie in Analogie zum aufgeklärten Absolutismus.[136] Angesichts eines dramatischen Übergangs vom Totalitarismus zur Demokratie, den dringenden Erfordernissen des Wiederaufbaus beziehungsweise der Aufrechterhaltung der Lebensfähigkeit der Bevölkerung und dem Verlangen der Besatzungsmächte nach schnellen politischen Entscheidungen schien ein paternalistisches Vorgehen auch durchaus gerechtfertigt.[137] Besonders deutlich wurde es in den ein- bis zweimal wöchentlich stattfinden Sitzungen der Landesdirektoren: Die rhetorisch glänzenden Referate Schmids leiteten die Besprechungen ein, übermittelten neue Instruktionen der Militärverwaltung, gaben die Richtung der Diskussion vor und unterstrichen, dass der Staatssekretär der unbestrittene Primus inter Pares war.

---

[135] Glaser, Hermann: Die Kulturgeschichte der Bundesrepublik Deutschland, Zwischen Kapitulation und Währungsreform 1945-1948, Frankfurt am Main 1990, S. 31. Auch die Art, wie Schmid Eschenburg zum Flüchtlingskommissar ernannte ist bezeichnend: So stellte Schmid den völlig unwissenden Eschenburg in der ersten Landrätetagung als Flüchtlingskommissar vor, ohne dass vorher eine Unterredung zwischen den beiden stattgefunden hätte. Vgl. Eschenburg: Letzten Endes meine ich doch, S. 86f.

[136] Eschenburg, Theodor: Regierung, Bürokratie und Parteien 1945-1949, Ihre Bedeutung für die politische Entwicklung der Bundesrepublik, in: Vierteljahreshefte für Zeitgeschichte 24 (1976) 1, S. 58-74, S. 63.

[137] Dass Schmid schon beinahe wie ein Patriarch agierte, zeigt auch sein Ausspruch, dass man sich bei der Neueinstellung von Beamten danach richten solle, dass er mit knapp fünfzig Jahren der Älteste in der Verwaltung bleibe. Vgl. Roemer, Friedrich: Der Aufbau der Staatsverwaltung, Staatssekretariat und Landesregierung, in: Gögler, Max/ Gregor, Richter in Verbindung mit Müller, Gebhard (Hg.): Das Land Württemberg-Hohenzollern 1945-1952, Darstellungen und Erinnerungen, Sigmaringen 1982, S. 111-120, S. 114.

Dabei war es wertvoll, dass Carlo Schmid auch auf seine einschlägigen Erfahrungen in der Verwaltung militärisch besetzter Gebiete zurückgreifen konnte, die er in Lille – allerdings auf der anderen Seite stehend – gesammelt hatte. Seinerzeit sollte er als Mitglied der Verwaltung die rechtlichen Rahmenbedingungen für ein System der nordfranzösischen Angliederung an die belgische Militärverwaltung schaffen. Schmid war also bereits mit den juristischen Finessen einer Besatzungsherrschaft sowie deren pragmatischen Anforderungen vertraut und hatte sowohl den französischen Verwaltern als auch seinen deutschen Mitstreitern Sachverstand und praktische Routinen voraus. Obwohl laut Geschäftsordnung dem provisorischen Regierungschef keine Richtlinienkompetenz zustand, traten die Landesdirektoren diese bereitwillig an Schmid ab. Schon bald überließen sie Schmid die Verhandlungen mit den Gouverneuren über politische Maßnahmen oder Direktiven[138] – er war offenkundig erfolgreich in dem Spiel, seinen Mangel an Macht, an potestas, mit seiner auctoritas, d.h. seiner natürlichen Autorität, zu kompensieren.[139] Der Professor der Juristerei schien in seiner neuen administrativen Rolle recht glücklich zu agieren. Und obwohl er bereits während des Zweiten Weltkrieges in der Verwaltung Erfahrungen sammeln konnte, ist ein tatsächlicher Einstieg in die Politik erst als quasi Ministerpräsident des kleinen Württemberg-Hohenzollerns erkennbar. Im Sommer 1945 begann Carlo Schmid, politische Führungsqualitäten zu entwickeln, eigene Ideen zu entwerfen und zu verfolgen, anstatt wie in Lille lediglich Befehle der deutschen Militärverwaltung auszuführen.

Die Landesminister honorierten die soliden Leistungen Schmids im Staatssekretariat, indem sie ihn bis zum Juli 1947 wieder und wieder nach dem Ablauf seiner je nur drei Monate währenden Legislaturperiode im Amt bestätigten und das über die Wahl der Beratenden Landesversammlung 1946 hinaus, bei der eigentlich eine Kabinettsumbildung aufgrund der deutlichen

---

[138] Nüske, Gerd Friedrich: Neubeginn von oben, Staatssekretariat und Landesregierung, in: Gögler, Max/ Gregor, Richter in Verbindung mit Müller, Gebhard (Hg.): Das Land Württemberg-Hohenzollern 1945-1952, Darstellungen und Erinnerungen, Sigmaringen 1982, S. 80-110, S. 87.

[139] Eschenburg: Aus den Anfängen des Landes Württemberg-Hohenzollern, S. 66f.

Stimmengewinne der CDU nahe gelegen hätte.[140] Daneben wurde Schmids politisches Talent in den von ihm initiierten Landrätetagungen offenbar. Seit November 1945 versammelte er die Landräte Württemberg-Hohenzollerns regelmäßig an wechselnden Orten, um die bis dahin weitgehend autonom verwalteten Landkreise in die staatliche Ordnung einzubinden und die dringend für die Verwaltungstätigkeit benötigten Informationen zusammenzuführen, aber auch, um sich einfach näher miteinander bekannt zu machen.[141] Damit sich die Landräte trotz Fahrzeugnot, Benzingutscheinen, löchriger Straßen und karger Verpflegungsrationen überhaupt bereitfanden, nach Tübingen, Bad Saulgau oder Reutlingen zu fahren, musste Schmid einiges bieten. Zum einen hielt er zu Beginn jeder Sitzung einen sprachgewandten Vortrag, der in Zeiten blockierter Informations- und Nachrichtenkanäle Meldungen aus der Landeshauptstadt und Mitteilungen der Besatzungsmacht mit Neuigkeiten aus der amerikanischen Besatzungszone – in die er als einer von wenigen Kontaktmännern der Stuttgarter Regierung reisen durfte – verknüpfte. Zudem sorgte er auf den Tagungen für Schnitzel, Kartoffelsalat, frisches Gemüse und Torte, von der er selbst natürlich zwei Stückchen bekam.[142] Angesichts einer von den Besatzungsmächten im Durchschnitt pro Person zugeteilten Ration von 900 bis 1200 Kalorien täglich[143] schaffte er so einen geradezu unwiderstehlichen Anreiz.

Die Entschlossenheit Schmids, auf den Zusammenkünften der Landräte auch die französische Besatzungspolitik zu kritisieren, brachte ihm nationale Aufmerksamkeit und landesweite Anerkennung. Dezidiert betonte er den überparteilichen Charakter der Tagungen, unterband dadurch – gerade weil eine Geschäftsordnung fehlte – ein direktes Mitspracherecht der Parteien jedweder Couleur, vermied Abstimmungen, wählte Referenten aus und bestimmte die Tagesordnung. Als politischer Neuling agierte Schmid hier überraschend

---

[140] Müller, Gebhard: Württemberg-Hohenzollern 1954 bis 1952, in: Gögler, Max/ Gregor, Richter in Verbindung mit Ders. (Hg.): Das Land Württemberg-Hohenzollern 1945-1952, Darstellungen und Erinnerungen, Sigmaringen 1982, S. 13-29, S. 19.
[141] Raberg (Hg.): Die Protokolle der Regierung von Württemberg-Hohenzollern, S. XXXIX.
[142] Hirscher, Gerhard: Carlo Schmid und die Gründung der Bundesrepublik, Eine politische Biographie, Bochum 1986, S. 54.
[143] Glaser: Die Kulturgeschichte der Bundesrepublik Deutschland, S. 69.

geschickt. Er legte Kraft seiner Autorität Geschäftsordnungen in seinem Sinne aus und konnte so seine Vorstellungen durchsetzen.

Seine Fähigkeiten spielte Carlo Schmid jedoch nicht nur als Staatssekretär aus. Schließlich war er ebenfalls ein ausgewiesener Experte auf der Ebene des Völkerrechts. Tatsächlich hatte sich Schmid in seiner Habilitation mit der Kodifikation der Rechtsgrundsätze des Internationalen Gerichtshofes befasst. Zusätzlich hatte er sich durch die Tätigkeit am KWI Expertenwissen zu Fragen wie der Enteignung ausländischer Staatsangehöriger sowie der Anerkennung von Gebietserwerb durch Neustaaten angeeignet[144] – juristisch bedeutsame Probleme, die seinerzeit nach dem Ersten und nun wieder nach dem Zweiten Weltkrieg virulent waren. Carlo Schmid verfügte im Gegensatz zu seinen aufbauwilligen deutschen Mitstreitern folglich über juristische Kenntnisse, die in Zeiten räumlicher Annexionen und Neugliederungen dringend benötigt wurden. So wurde er auch für die Parteien zunehmend interessanter.

Daneben konnte Schmid seine Begabung bei den Beratungen des im März 1946 eingesetzten Verfassungsausschusses in Württemberg-Baden, an denen er als eine Art offizieller Vertreter Württemberg-Hohenzollerns teilnahm, demonstrieren. Im Gegensatz zu den anderen Landespolitikern war er hervorragend vorbereitet und legte bereits auf der dritten Sitzung einen Verfassungsentwurf vor. Die restlichen Ausschussmitglieder waren teilweise derart beeindruckt und überrumpelt, dass Schmid mit seinem Vorschlag die verfassungstheoretische Diskussion an sich reißen und von da an die Richtung bestimmen konnte.[145] Obwohl er ein politischer Neuling war, spürte er, wie er die Verhandlungen strukturieren musste, um seine Vorstellungen durchzusetzen. Im Ergebnis stammten die Grundrechte Württemberg-Badens fast ausschließlich aus der Feder Schmids.

So waren es vor allem seine Ressourcen aus der bürgerlichen Herkunft, die Carlo Schmid seinen politischen Einstieg erleichterten, ja, eigentlich erst ermöglichten. Er sammelte Männer um sich, die ähnlich dachten wie er, auch

---

[144] Weber: Carlo Schmid 1896-1979, S. 69f.

[145] Hirscher, Gerhard: Carlo Schmid und das Grundgesetz, Der Beitrag Carlo Schmids zur Entstehung der Bundesrepublik Deutschland, in: Taddey, Gerhard (Hg.): Carlo Schmid, Mitgestalter der Nachkriegsentwicklung im deutschen Südwesten, Symposium anläßlich seines 100. Geburtstags am 7. Dezember 1996 in Mannheim, Stuttgart 1997, S. 85-101, S. 90.

weil sie in demselben Milieu sozialisiert worden waren. Dies erleichterte die Verständigung und Zusammenarbeit. Schmid nutzte seine juristischen Kenntnisse, angeeignet während seiner bildungsbürgerlichen Laufbahn. Und schließlich ist auch die Selbstverständlichkeit seines politischen Eintretens für die Landsleute, sein selbstbewusstes, beinahe autoritäres Auftreten seinem inkorporierten bürgerlichen Habitus zuzuschreiben.

### 3.2.3 Darum war Schmid in der SPD

Den politischen Neuling Schmid trieb der unbändige Wille zur Gestaltung an. Er wollte nicht lange verhandeln und diskutieren, sondern seine Vision der Landesverfassung verwirklichen. Doch es bleibt unersichtlich, warum er dafür im Januar 1946 auf dem ersten sozialdemokratischen Landesparteitag Württemberg-Badens von Fritz Ulrich in die SPD aufgenommen wurde.[146] Warum blieb Schmid nicht parteilos, wie beispielsweise der hessische Ministerpräsident und Rechtsprofessor Karl Geiler, dessen politische Karriere allerdings nach den ersten Landtagswahlen abrupt endete?[147] Oder anders gefragt: Warum sympathisierte Schmid nicht mit der CDU? Zumal Adenauer persönlich bedauerte, dass Schmid seine Kräfte nicht den Christlichen Demokraten zur Verfügung gestellt hatte: „Dieser Mann jehört eijentlich zu uns. Schade, daß der SPD is."[148] Hätte sich der zukünftige Bundeskanzler mehr um den engagierten und immerhin römisch-katholischen Bildungsbürger bemüht, hätte dieser womöglich für ihn Partei ergriffen. Selbst Ernst Jünger erzählte noch in den 1950er Jahren gerne den Witz von der alten Wahrsagerin, die Carlo Schmid nach dem Krieg um Rat wegen seiner politischen Laufbahn befragte:

---

[146] Hennis, Wilhelm: Carlo Schmid und die SPD, in: Haus der Geschichte der Bundesrepublik Deutschland (Hg.): Carlo Schmid und seine Politik, Bonn 1997, S. 16-26, S. 16.

[147] Mühlhausen, Walter: Treuhänder des deutschen Volkes, die Ministerpräsidenten im Interregnum, in: Ders./ Cornelia, Regin (Hg.): Treuhänder des deutschen Volkes, Die Ministerpräsidenten der westlichen Besatzungszonen nach den ersten freien Landtagswahlen, Politische Porträts, Kassel 1991, S. 7-34, S. 11.

[148] Zitiert nach: Beise, Marc: Carlo Schmid als Vorbild, Zur Einheit von Geist, Recht und Politik, in: Kilian, Michael (Hg.): Dichter, Denker und der Staat, Essays zu einer Beziehung ganz eigener Art, Tübingen 1993, S. 91-125, S. 124.

„Bei der CDU isch scho alles voll, dann gehet´se halt zur SPD."[149] Diese Anekdote scheint zumindest einen wahren Kern zu beinhalten. Schmid selbst bekannte bisweilen offen, dass er – als er beschloss, sich politisch zu betätigen und sich um eine angemessene Position in seiner Besatzungszone bemühte – den Weg zur Sozialdemokratie nicht aus tiefer politischer Überzeugung eingeschlagen habe, sondern aus reinem Pragmatismus. In der CDU seien bereits alle Spitzenpositionen besetzt gewesen[150] und in der SPD habe es unübersehbar an Führungspersönlichkeiten gefehlt. So kalkulierte er, hier schneller eine führende Rolle spielen zu können als in den bürgerlichen Parteien[151].

Freilich, in seinen späteren Jahren erweiterte Schmid das Spektrum eigener Rechtfertigungen für sein politisches Engagement in der Sozialdemokratischen Partei Deutschlands um eine zusätzliche Dimension, – die obendrein besser mit seinen ureigenen Themen Humanismus[152] und Staatsgründung, harmonierte. Mit Goethe argumentierte er, dass in dem Begriff Freiheit auch immer die Menschenwürde mitgedacht werden müsse. Und nur ein selbstbestimmter Bürger, der einen Staat mitgestalte, in dem ein Leben lohne, sei ein würdiger Mensch.[153] In einer Schrift mit dem Titel „Darum bin ich in der SPD" fügte Schmid hinzu, dass es ohne Sozialismus keine allgemeine Freiheit von der Not geben werde und dass das frei sein eigentlich Freiheit von der Not voraussetze.[154]

Eine weitere Begründung lieferte die von Schmid oft erzählte Geschichte einer Parisreise, bei der er von seinem Vater zu Erziehungszwecken in die Elendsviertel geführt worden sei. Schmid pries diese Kindheitserfahrung als einschneidendes Erlebnis, das ihn auf erschütternde Weise mit Armut und Not

---

[149] Zitiert nach: Seitz, Norbert: Die Kanzler und die Künste, Die Geschichte einer schwierigen Beziehung, München 2005, S. 35.

[150] Frisch, Alfred: Carlo Schmid: Ein großer Vermittler, Erinnerungen eines Zeitzeugen, in: Dokumente, Zeitschrift für den deutsch-französischen Dialog 53 (1997) 1, S. 5-6, S. 5.

[151] Hirscher: Gerhard, Carlo Schmid und das Grundgesetz, S. 89.

[152] Insofern kommt vielleicht sein Weggefährte Wilhelm Hennis dem Jünger des „Dritten Humanismus" am nächsten, wenn er schreibt, dass Schmids Sozialismus der des uneingelösten dritten Versprechens der französischen Revolution, der Brüderlichkeit sei. Vgl. Hennis, Wilhelm: Diskussionsbeitrag, in: Haus der Geschichte der Bundesrepublik Deutschland (Hg.): Carlo Schmid und seine Politik, Bonn 1997, S. 64f.

[153] Schmid: Goethe als Wegweiser zu mir selbst, S. 366.

[154] Schmid, Carlo: Darum bin ich in der SPD, in: Vorwärts, 7.12.1956

konfrontiert hätte.[155] Vielleicht mag seine gesellschaftskritische Disposition obendrein durch von ihm rezipierte Literaten, wie Balzac, Zola oder Hugo, begünstigt worden sein.[156] Womöglich stand er schon in der Weimarer Republik durch seine Dissertation bei Hugo Sinzheimer über das Betriebsrätegesetz, aufgrund seiner – wenn auch dürftig gebliebenen – Kampferfahrungen in einer sozialistischen Studentengruppe im Winter 1918/19 sowie der Kontakte zu Hermann Heller[157] der Sozialdemokratie womöglich nicht gar so fern, wie er vielleicht zu jener Zeit dachte.[158] Doch im Grunde waren diese Begegnungen kurzlebig und hinterließen kaum Spuren. Schmid blieb ein durch sein Elternhaus geprägter, konservativ-national denkender[159] und durch die Schrecken des Ersten Weltkrieges orientierungslos gewordener junger Mann, der sich mehr von der Mystik Stefan Georges angezogen fühlte und wahrscheinlich zu Beginn der 1930er Jahre nicht zu den Wählern der SPD gezählt werden konnte.[160] Auch darum ist der Gang zu den Sozialdemokraten nach 1945 so überraschend.

---

[155] Schulze, Martin: Zeitzeugen über Carlo Schmid, in: Haus der Geschichte der Bundesrepublik Deutschland (Hg.): Carlo Schmid und seine Politik, Bonn 1997, S. 111-114, S. 112.; Schmid: Darum bin ich in der SPD.

[156] Soell, Hartmut: Fritz Erler, Eine politische Biographie, Bd. I, Berlin/ Bonn, Bad Godesberg 1976, S. 97.

[157] Heller schien Schmid während seiner Zeit im Kaiser-Wilhelm-Institut allerdings mehr in das Berliner Kulturleben, als in sein Sozialismuskonzept eingeführt zu haben. Vgl. Weber: Carlo Schmid 1896-1979, S. 61.

[158] Geisel, Alfred: Carlo Schmid, Gründer der SPD in Württemberg-Hohenzollern und seine Beziehung zur Universität Tübingen, in: Taddey, Gerhard (Hg.): Carlo Schmid, Mitgestalter der Nachkriegsentwicklung im deutschen Südwesten, Symposium anläßlich seines 100. Geburtstags am 7. Dezember 1996 in Mannheim, Stuttgart 1997, S. 21-29, S. 22.

[159] Weber: Carlo Schmid 1896-1979, S. 30, 47.

[160] Ebd., S. 77.

## 3.3 Unterschiedliche Wege, ähnliche Motive, gleiches Ziel? Erste Zusammenfassung

Hedwig Wachenheim und Carlo Schmid konnten also durchaus auf eine ähnliche Herkunft zurückblicken. Beide stammten aus dem Südwesten des deutschen Kaiserreiches – zwar waren Württemberg und Baden vor 1918 noch eigenständige Hoheitsgebiete, dennoch beherrschte sowohl in dem einen als auch dem anderen ein pragmatischer Umgang mit der sozialdemokratischen Arbeiterpartei die politische Landschaft. Verfolgungen, Denunziationen, Polizeiaufmärsche oder Verbote, mit denen die Partei beispielsweise in Preußen auch nach den Sozialistengesetzen belegt worden war, standen im Südwesten weitaus weniger auf der Tagesordnung.[161] Darüber hinaus waren Wachenheim und Schmid in liberalen Elternhäusern aufgewachsen. Allerdings gilt diese Etikettierung mehr einer vagen Grundströmung, die den Kindern vermittelt wurde, denn einer direkten politischen Beeinflussung, da kein anderes Familienmitglied – wenn man von Wachenheims früh verstorbenem Vater einmal absieht – ein aktives Parteileben führte. Und obwohl die eine aus einer wirtschaftsbürgerlich geprägten Familie stammte, während der andere eine bildungsbürgerliche Herkunft vorzuweisen hatte und in materiell bescheideneren Verhältnissen aufwuchs, so sind sie doch durch ähnliche Werte, die sie durch ihre Erziehung und Bildung vermittelt bekamen, miteinander verbunden, im selben Milieu verwurzelt gewesen. Erzieherische Strenge, Fleißaufgaben, ausgewählte Lektüre – all das kannte sowohl Hedwig Wachenheim als auch Carlo Schmid aus der Kindheit. Während ihrer Tanzstunden oder ihres Musikunterrichtes hätten sich beide begegnen können. Doch mit den Arbeitern, mit denen sie sich später solidarisch zeigen sollten, wären sie so niemals in Kontakt gekommen.

Welche Antriebsmotoren und Motive veranlassten die „Bürgerkinder" dennoch, sich der Sozialdemokratie anzuschließen? Schließlich kamen sie weder durch ein Studium mit dem Marxismus in Kontakt, noch waren sie Randfiguren ihres bürgerlichen Milieus oder durchlebten in ihrer Kindheit

---

[161] Vgl. hierzu auch: Langewiesche: Liberalismus in Deutschland, Frankfurt am Main 1988, S. 77.

beispielsweise durch eine plötzliche Verarmung prägende „antibürgerliche Momente" – Motive einiger Bürgerlicher für den Beitritt in die sozialdemokratische Partei, die in der Literatur bisher angedeutet wurden. Das sozialdemokratische Milieu war Wachenheim und Schmid in ihrem ersten, bürgerlichen Leben völlig fremd. In ihrer Kindheit und Jugend beziehungsweise Schmid betreffend in seinem späteren Berufsleben deutete nichts darauf hin, dass beide einmal Mitstreiter der Arbeiterpartei werden würden.

Und ihre Wege dorthin waren durchaus unterschiedlich. Neugierde, Abenteuerlust, der Reiz des Verbotenen lockten Hedwig Wachenheim auf ihre erste sozialdemokratische Veranstaltung im Januar des Jahres 1912. Durch Ludwig Frank bekam sie eine Ahnung von einem Leben jenseits dem einer „höheren Tochter", und beflügelt von der Idee, ihrem Dasein einen Inhalt zu geben, besuchte sie in Berlin die Soziale Frauenschule mit dem Ziel, eine Berufsausbildung zu erlangen, die ihr eine spätere Anstellung und damit die Selbstständigkeit ermöglichen sollte. Für Wachenheim war dies noch kein Schritt in Richtung Sozialdemokratie, vielmehr wurde ihr ein Weg aufgezeigt, sich Erfüllung durch Bildung zu verschaffen. Doch sie wurde vom Sozialdemokraten Ludwig Frank auch in Berlin angezogen, kam durch ihn immer tiefer mit der Arbeiterbewegung in Kontakt. Im Café Josty zogen Emanuel Wurm, Ernst Heilmann, Rudolf Hilferding und Karl Liebknecht sie so sehr in ihren Bann, faszinierten die junge Dame aus dem Mannheimer Bürgertum mit ihrem Eifer und ihrem Kampf für die Sozialdemokratie derartig, dass Hedwig Wachenheim am 11. März 1914 SPD-Mitglied wurde. Doch sie zögerte, wurde nicht von sich aus Genossin, da sie wusste, dass diese Parteimitgliedschaft für sie Sanktionen innerhalb ihres bürgerlichen Milieus bedeuten würde.

Ganz anders wirkte sich der Parteibeitritt bei Carlo Schmid aus. Der vielbegabte, von der Besatzungsmacht nach 1945 protegierte Jurist, dessen Fähigkeiten und Erfahrungen gefragt waren und benötigt wurden, entschied sich rational berechnend für die SPD. Im Gegensatz zur CDU bot ihm die Arbeiterpartei – so glaubte er zumindest – aufgrund des Personalmangels die aussichtsreicheren Positionen und Wirkungsmöglichkeiten. Als Carlo Schmid Genosse wurde, war die SPD auch aufgrund ihrer Haltung während des Nationalsozialismus und ihrer Mehrheit in einigen Ländern nach 1945 nicht mehr der gesellschaftliche Außenseiter, der sie noch in den aktiven Jahren Hedwig Wachenheims gewesen war. Insofern war die Hürde des Parteibeitritts für Wachenheim wesentlich höher als für Schmid.

Bemerkenswert ist auch, dass Carlo Schmid und Hedwig Wachenheim zwar beinahe einer Generation angehörten, doch zu völlig unterschiedlichen Zeitpunkten der sozialdemokratischen Partei beitraten. Man könnte behaupten, dass der Erste Weltkrieg für den Parteibeitritt Wachenheims wie ein Katalysator wirkte, während er für Schmid einen Hemmschuh darstellte. Ursache hierfür mögen die unterschiedlichen Erfahrungen sein, die Männer und Frauen in diesem Krieg machten. Angeregt durch die bürgerliche Wohlfahrtspflege wollte Wachenheim in der Not helfen. Sie wollte in der schweren Zeit nicht untätig sein, sondern sich einbringen. Dabei kam sie auch mit der sozialdemokratischen Fürsorgearbeit in Kontakt, welche die junge Frau, neben den Bekanntschaften aus dem Café Josty, an die Partei heranführte. Carlo Schmid hingegen hielt sich nach seinen Erfahrungen im und nach dem Ersten Weltkrieg verstärkt an den Gedanken einer elitären Gemeinschaft, die das Land in Zukunft gestalten sollte – die Arbeiterpartei hatte in dieser Gedankenwelt keinen Platz. Doch nach dem Zweiten Weltkrieg wollte auch Carlo Schmid, genau wie Wachenheim dreißig Jahre vor ihm, tätig werden in seiner Stadt, seinem Württemberg-Hohenzollern beim politischen Wiederaufbau helfen, die Grundlagen des zukünftigen Staates gestalten. Es scheint, als bot nur die Arbeiterpartei den Bürgerlichen in dieser Situation ein Betätigungsfeld, die Möglichkeiten, ihren Tatendrang auszuleben.

Wachenheim und Schmid kamen also beide durch ihren Willen zur Tätigkeit, zur aktiven Gestaltung an der Sozialdemokratie nicht vorbei. Hedwig Wachenheim benötigte für den Weg vom bürgerlichen Milieu in die Arbeiterbewegung im Gegensatz zu Carlo Schmid allerdings einen Mentor, einen Begleiter. Sie fand diesen in Ludwig Frank. Dass Schmid einer solchen Unterstützung zunächst nicht bedurfte, hatte mehrere Gründe: Er stand mitten im Leben und war als Mann ohnehin selbstständiges Denken und Handeln gewohnt. Für Hedwig Wachenheim bedeutete der Parteibeitritt 32 Jahre vor Schmid noch ein Ausbruch aus dem ihr vorgezeichneten Weg: sie war jung, ohne Lebenserfahrung, wenig selbstsicher und brauchte daher Unterstützung.

Ob und wie sich diese frühe Unterstützung durch einen Mentor auf die Karriere innerhalb der Partei auswirkte, soll auch im Folgenden beleuchtet werden.

Doch die Beziehung zwischen den Bürgerlichen und der Sozialdemokratie war nicht einseitig. Auch die Partei profitierte von den bürgerlichen Ressourcen der „Überläufer": So war Hedwig Wachenheim eine der wenigen, die eine Ausbildung in der Wohlfahrtspflege absolviert hatte und war somit den meisten Genossen, die sich in der sozialdemokratischen Fürsorge engagierten, durch erhebliches Wissen voraus; und auch Carlo Schmids Kenntnisse als Staatsrechtler waren nach 1945 von der SPD begehrt. Also beide Seiten, die bürgerlichen Neumitglieder und die Partei, profitierten von einer Annäherung.

# 4 Wie aus „Bürgern" Sozialdemokraten wurden

## 4.1 Hedwig Wachenheim: ein Leben für die Weimarer Sozialdemokratie

### *4.1.1 Genossin und kein Abbruch zum Herkunftsmilieu*

Im Frühsommer 1914 schloss Wachenheim ihre Berliner Ausbildung als Wohlfahrtspflegerin ab und kehrte als Bankierstocher in den Schoß der angesehenen Mannheimer Familie zurück. Doch bereits während des ersten gemeinsamen Abendessens im Kreise der Familie kam Marie Wachenheim aus dem Zimmer ihrer Tochter und wedelte mit deren brandneuem sozialdemokratischen Parteibuch in der Hand umher. Die Tatsache, dass ihre Tochter beziehungsweise Enkeltochter als Sozialistin nach Mannheim zurückgekehrt war, führte allerdings nicht zum Eklat im Hause Wachenheim. Stattdessen durfte sie mit familiärem Segen sogar sozialdemokratische Veranstaltungen besuchen.[162] Die Haltung der Familie ist sicherlich auch durch die liberale Tradition und Regierung Badens beeinflusst worden:[163] Im Großherzogtum reagierte man schon früh mit Pragmatismus und Gelassenheit auf die Sozialdemokratie und arbeitete mit ihr zusammen. Diese Einstellung konnte sich auch deshalb entwickeln, weil die Arbeiterpartei im deutschen Südwesten des Kaiserreiches keine Massenbewegung war und somit auch keine massive Bedrohung darstellte.[164] Daneben waren „Tatmenschen mit ausgebildetem Wirklichkeitssinn"[165] – wie Ludwig Frank – an dieser Entwicklung maßgeblich beteiligt.

Vielleicht hat überdies die hereinbrechende Kriegsbegeisterung der nun nationalistisch geeinten „Volksgemeinschaft" dazu beigetragen, dass Gegen-

---

[162] Wachenheim: Vom Großbürgertum zur Sozialdemokratie, S. 50f.
[163] Zur liberalen Tradition im deutschen Südwesten vgl. Langewiesche, Dieter: Liberale Traditionen im deutschen Südwesten, in: Landeszentrale für politische Bildung (Hg.): Baden-Württemberg, Eine politische Landeskunde, Teil II, Stuttgart 1991, S. 27-42.
[164] Mann, Bernhard: Ein parlamentarisches ›Musterländle?‹, Zur Geschichte des Parlamentarismus in Südwestdeutschland, in: Landeszentrale für politische Bildung (Hg.): Baden-Württemberg, Eine politische Landeskunde, Teil II, Stuttgart 1991, S. 43-57, S. 51.
[165] Stampfer, Friedrich: Ludwig Frank, der Politiker, in: Mannheimer Volksstimme, 11.09.1914.

sätze zwischen Liberalen und Sozialisten im Sommer 1914 keine übergeordnete Rolle spielten.[166] Zwar demonstrierten die Sozialdemokraten noch am 25. Juli in Berlin gegen den Krieg, dennoch brachte wenig später der Kriegsausbruch die Verbundenheit aller Schichten zutage, und in dieser Atmosphäre stimmte auch die sozialdemokratische Reichstagsfraktion am 4. August den Kriegskrediten zu. Wenige Tage später meldete sich Ludwig Frank freiwillig zum Kriegsdienst. Aufgrund seiner Popularität wurde er bereits am 13. August eingezogen und am 31. August an die Front verlegt, er starb bereits nach wenigen Tagen. Hedwig Wachenheim blieben von Frank lediglich ein paar Jugendbilder, ein frühes Notizbuch, Briefe, Abdrucke seiner Artikel sowie Bilder und Bücher aus seinem Biedermeierzimmer.[167]

Trotz des frühen und plötzlichen Todes von Ludwig Frank resignierte Wachenheim nicht. Sie meldete sich freiwillig auf dem Mannheimer Jugendamt und bot ihre Unterstützung als gelernte Wohlfahrtspflegerin an. Frauen wie sie wurden nun gebraucht, da der Kriegsdienst der Männer in der Heimat einen enormen Arbeitskräftebedarf verursachte.[168] Und obwohl Wachenheim am 20. August 1914 ihr Parteibuch noch auf Mannheim umschreiben ließ, sieht es so aus, als habe das Lebensende ihres politischen Mentors doch Einfluss auf ihre Kontakte zur Sozialdemokratie gehabt, denn: Mit Mannheimer Genossen kam Wachenheim vorerst nicht in Kontakt. Stattdessen trat sie mit 23 Jahren erstmals aktiv in das öffentliche Leben ein. Wie alle freiwilligen Fürsorgerinnen in Mannheim war Wachenheim im Außendienst tätig. Sie kontrollierte in den Vororten bezahlte Pflegefamilien oder bat im Auftrag der Stadt die Mütter unehelicher Kinder um deren Vormundschaft.[169] Nun kam Wachenheim erstmals intensiv mit der Lebens- und Wohnsituation der Arbeiter in Berührung. Bei den Wohnungsbesichtigungen konnte sie erfahren, was es bedeutet, mit einer siebenköpfigen Familie in einem Raum zu leben oder sein Bett tagsüber zu vermieten. Sie sah Elend, Not und Armut – Auswüchse

---

[166] Peukert, Detlev J.K.: Die Weimarer Republik, Krisenjahre der klassischen Moderne, Frankfurt am Main 1987, S. 35.
[167] Wachenheim: Vom Großbürgertum zur Sozialdemokratie, S. 52.
[168] Monat, Anneliese: Sozialdemokratie und Wohlfahrtspflege, Ein Beitrag zur Entstehung der Arbeiterwohlfahrt, Stuttgart 1961, S. 44.
[169] Wachenheim: Vom Großbürgertum zur Sozialdemokratie, S. 53.

der Gesellschaft, die ihr vormals in ihrem bürgerlichen Milieu verborgen geblieben waren. Wachenheim übte beim Jugendamt erstmals eine sinnvolle Tätigkeit aus, zumindest sinnvoller als Strümpfe stopfen. Sie leistete dadurch auch Abbitte, wollte durch ihre Hilfe wieder gutmachen, dass sie – im Gegensatz zu den Armen und Notleidenden – wohlbehütet und ohne finanzielle Sorgen aufgewachsen war.[170]

### 4.1.2 Der Druck wächst

Obwohl Wachenheim weiterhin in ihrem Elternhaus wohnte, ihre alten Kontakte unterhielt und sich in der Wohlfahrtspflege engagierte, hat bei ihr mit der Erhöhung des sozialen Außendrucks aus dem Mannheimer Bürgertum eine zunehmende Sozialdemokratisierung eingesetzt. Wachenheim wurde zu Beginn des Jahres 1915 von Alice Bensheimer, Schriftführerin des Bundes Deutscher Frauenvereine und Ehefrau von Julius Bensheimer, Besitzer der linksliberalen „Neuen Badener Landeszeitung", gefragt, ob sie nicht ehrenamtlich im Ausschuss der Mannheimer Kriegsfürsorgezentrale aushelfen könne.[171] Die Aufgabe dieser Institution bestand darin, die notwendigen Kriegsfürsorgeeinrichtungen, wie beispielsweise die Volkskinderkrippen, Sonderunterstützungen oder Ähnliches einzurichten. Diese Leistungen waren notwendig geworden, da der Krieg die Lebenssituation der Familien maßgeblich veränderte: Der Verdienstausfall des Vaters oder die Berufstätigkeit der Mutter mussten durch finanzielle Hilfen und Kinderbetreuungseinrichtungen zumindest ein

---

[170] Diese Beweggründe beschrieb Wachenheim beinahe zehn Jahre später auf einer Konferenz der Arbeiterwohlfahrt. Vgl. Wachenheim, Hedwig: Die Schulung für die Wohlfahrtsarbeit, in: Hauptausschuss der Arbeiterwohlfahrt (Hg.): Zweite Reichskonferenz des Hauptausschusses, der Bezirks-, Kreis- und Ortsausschüsse für Arbeiterwohlfahrt am 12. September 1924, in Hannover, im Beethovensaal der Stadthalle, Konferenz des Hauptausschusses und der Bezirksvertreter am 4. Januar 1925 in Berlin, Berlin 1925, S. 23-28. Ähnliche Motivlagen finden sich beispielsweise auch bei Lily Braun. Vgl. Braun, Lily: Memoiren einer Sozialisten Bd. 1, Lehrjahre, 51. Aufl., München 1922, S. 312.

[171] Wachenheim: Vom Großbürgertum zur Sozialdemokratie, S. 54. Bensheimers Initiative ist auf Gertrud Bäumer, Leiterin des Nationalen Frauendienstes, zurückzuführen, die Wachenheim noch aus Berlin kannte. Vgl. Schwind: Hedwig Wachenheim, S. 4.

wenig abgefedert werden.[172] In der Mannheimer Kriegsfürsorgezentrale organisierten sich nahezu alle Frauen des gehobenen städtischen Bürgertums, darunter auch Julie Bassermann, die begüterte Gattin des Vorsitzenden der Nationalliberalen Partei Ernst Bassermann. Im Laufe der ersten Jahreshälfte 1915 äußerte Frau Bassermann in einer Versammlung der Kriegsfürsorgezentrale laut und unmissverständlich, dass die Mitarbeit von Sozialdemokratinnen unerwünscht sei. Hedwig Wachenheim wusste, dass ihr diese Bemerkung galt und teilte daraufhin Alice Bensheimer ihre sozialdemokratische Mitgliedschaft und ihren Austritt aus der Kriegsfürsorge mit.

Entweder ignorierte Wachenheim die Warnungen, dass die Bekanntmachung ihrer SPD-Mitgliedschaft ihren Berufsaussichten enorm schaden würde oder sie nahm die Folgen ihres Beitritts nun bewusst in Kauf. Wachenheim blieb die Leitung der durch das Mannheimer Arbeitsamt neu eingerichteten Berufsberatung für junge Mädchen und Frauen verwehrt, die ihr ursprünglich von Alice Salomon in Aussicht gestellt worden war.[173] Mit dieser Absage sank auch Wachenheims Hoffnung, sich mit einer ordentlichen Anstellung finanziell zu emanzipieren und selbstständig zu werden. Die Verweigerung der Leitungsstelle aufgrund der Parteizugehörigkeit war somit ein herber Rückschlag für die junge Frau. Denn trotz Pragmatismus hatte auch das Verständnis des Mannheimer Bürgertums seine Grenzen: Bestimmend für die herrschende Klasse blieb die Ablehnung der Arbeiterbewegung, die als Bedrohung der eigenen Führungsposition begriffen wurde.[174] So kann Wachenheims Bekanntgabe ihrer Parteimitgliedschaft als eigentlich Emanzipation verstanden werden. Trotz des frühen Todes ihres persönlichen Vertrauten und politischen Wegweisers kapitulierte Hedwig Wachenheim nicht, versteckte nicht ihre

---

[172] Eine Lohnfortzahlung während des Kriegsdienstes gab es nur für wenige privilegierte Gruppen, wie Reichs-, Landes- und Kommunalbeamte. Der Großteil der Wehrpflichtigen hatte nur den Wehrsold von 53 Pfennige. Da dies nicht ausreichte, gab es weitere finanzielle Unterstützung für die Familien der zum Militärdienst Eingezogenen, sowie die Reichswochenhilfe. Daneben half die Kriegswohlfahrtspflege auf kommunaler Ebene. Vgl. Sachße, Christoph/ Tennstedt, Florian: Geschichte der Armenfürsorge in Deutschland, Fürsorge und Wohlfahrtspflege 1871 bis 1929, Bd. 2, Stuttgart/ Berlin/ Köln u.a. 1988, S. 49f.

[173] Wachenheim: Vom Großbürgertum zur Sozialdemokratie, S. 55.

[174] Grebing, Helga: Geschichte der deutschen Arbeiterbewegung, Ein Überblick, 11. Aufl., München 1981, S. 106f.

Parteizugehörigkeit, sondern stand zu der einmal getroffenen Entscheidung. Alles andere wäre für sie Verrat an der Sache und auch illoyal Frank gegenüber gewesen.

Zugleich sah die „werdende Sozialdemokratin" ihre Arbeit als Wohlfahrtspflegerin zunehmend kritischer. Seit 1915 half Wachenheim nicht mehr beim Jugendamt, sondern beim städtischen Armenamt aus. Ihre dortige Tätigkeit bestand in der Ermittlung der Lebenssituation der Armen. Allerdings empfand sie das als frustrierend, da sie lediglich ermittelte, Fragebögen ausfüllte, Kontrollgänge unternahm, aber nicht wirklich tätig werden konnte, nicht in der Lage war, bei offensichtlicher Not einzugreifen. Noch konnte Wachenheim ihre zunehmenden Zweifel an der bürgerlichen Wohlfahrtspflege kaum formulieren, geschweige denn Alternativen dazu entwickeln.

Insgesamt litt Wachenheim unter der zunehmenden Isolation innerhalb des Mannheimer Bürgertums. Zugleich fand sie kaum Anschluss an die Sozialdemokratische Partei in ihrer Stadt. Sie galt dort als die Verlobte von Ludwig Frank, nicht weniger, aber auch kaum mehr. Hinzu kam, dass der Mannheimer Ortsverein in eine Art Zustand der Lethargie gefallen war und Heinrich Harpuder, Chefredakteur der Mannheimer Volksstimme, auf Wachenheim eher abstoßend wirkte.[175] Ihr fehlten hier die charismatischen Naturen der Arbeiterpartei, die sie in Berlin kennen und schätzen gelernt hatte. Folglich hielt sie es in Mannheim nicht länger aus und wollte zurück in die Hauptstadt. In ihrer Verzweiflung schrieb sie an Friedrich Stampfer, ob nicht er oder jemand anderes ihr eine Stelle vermitteln könne. Schließlich antwortete ihr Mathilde Wurm, führende Politikerin der sozialdemokratischen Frauenbewegung. Sie bot Wachenheim eine, allerdings unbezahlte, Position beim Nationalen Frauendienst an. Wurm wolle sie extra dorthin vermitteln, da sie erfahren habe, dass Wachenheim die Fürsorge nicht so liege.

Die Schwierigkeit bestand für Wachenheim nun darin, ihre Familie zu überzeugen, sie erstens nach Berlin gehen zu lassen und ihr, zweitens, diesen Fortgang auch noch finanziell zu ermöglichen. Wachenheims Onkel insistierte nachdrücklich bei Marie Wachenheim gegen den Fortgang der jungen Tochter: Schon gar nicht im Krieg dürfe ein Mädchen von zu Hause fortgehen. Als aber

---

[175] Wachenheim: Vom Großbürgertum zur Sozialdemokratie, S. 55.

der Direktor des Mannheimer Jugendamtes Frau Wachenheim auf der Straße darauf aufmerksam machte, dass ihre Tochter weder lache, noch eine gesunde Gesichtsfarbe zeige, wie es Mädchen in ihrem Alter zustehe und riet, für ihr Kind einen Ortswechsel zu arrangieren, lenkte Wachenheims Mutter ein. Zudem wollte sie einen Skandal zwischen der bürgerlichen Mannheimer Frauenbewegung und Hedwig vermeiden. Wachenheim zog daher Anfang April 1915 nach Berlin und ließ bereits am 7. des Monats ihr Parteibuch auf den Bezirk Berlin-Schöneberg umschreiben.[176]

## 4.1.3 Der Beginn der Sozialdemokratisierung

In Berlin begann Hedwig Wachenheim beim Nationalen Frauendienst und Wurm hielt ihr Versprechen: Die unerfahrene Sozialdemokratin musste nicht in der Fürsorge tätig werden, sondern sollte in einem Büro gemeinsam mit Liselotte Kuntze Konzepte und Vorschläge hinsichtlich der Arbeitsmöglichkeiten für „Kriegerfrauen" entwickeln. Der Nationale Frauendienst wurde im August 1914 wenige Tage nach Kriegsbeginn als Hilfsorganisation zur Mobilisierung der Heimatfront gegründet,[177] um eine gleichmäßige Lebensmittelversorgung, Fürsorge für „Kriegerfamilien" sowie eine Arbeitsvermittlung und Beratung zu gewährleisten.[178] Im Nationalen Frauendienst kam es erstmals zu einer organisierten Zusammenarbeit zwischen Sozialdemokratinnen und Bürgerinnen. Viele Frauen aus dem Bürgertum sahen in der Mithilfe einen Beitrag für den Sieg der Nation und wollten „[...] gegen wirtschaftliche und sittliche Gefahren im Inneren, wie Not, Hunger, Obdachlosigkeit, Arbeitslosigkeit [...]"[179] ankämpfen. Für Sozialdemokraten war die Haltung gegenüber der Kriegsfürsorge nicht ganz so eindeutig. Einerseits lehnte der radikale Flügel

---

[176] Wachenheim: Vom Großbürgertum zur Sozialdemokratie, S. 56.
[177] Büttner, Monika: Henriette Fürth, in: Eggemann, Maike/ Hering, Sabine (Hg.): Wegbereiterinnen der modernen Sozialarbeit, Texte und Biographien zur Entwicklung der Wohlfahrtspflege, Weinheim, München 1999, S. 86-110, S. 89.
[178] Ratz, Ursula: Zwischen Arbeitsgemeinschaft und Koalition, Bürgerliche Sozialreformer und Gewerkschaften im Ersten Weltkrieg, München 1994, S. 184f.
[179] Zitiert nach Pfaffenberger, Hans: Helene Simon, in: Eggemann, Maike/ Hering, Sabine (Hg.): Wegbereiterinnen der modernen Sozialarbeit, Texte und Biographien zur Entwicklung der Wohlfahrtspflege, Weinheim, München 1999, S. 111-132, S. 127.

der Partei die patriotische und nationalistische Haltung, die besonders das Bürgertum mit dem Nationalen Frauendienst verband, rundum ab. Sie standen jeglicher Wohlfahrtspflege, insbesondere privater Natur, kritisch gegenüber, da die Not an sich in ihren Augen lediglich durch die Beseitigung der kapitalistischen Verhältnisse abgeschafft werden könne.[180] Andererseits kritisierten einige Sozialdemokraten die bestehenden Regelungen der Armenpflege, da diese an Sanktionen gekoppelt waren, zugleich der Arme seine Not zur Schau stellen musste, um Almosen zu empfangen.[181] Doch angesichts der „revisionistischen Alltagsmentalität" der Sozialdemokraten und der Tatsache, dass vor Ort bereits zahlreiche Kontakte zwischen den bürgerlichen und sozialdemokratischen Organisationen bestanden, wurde allmählich eine institutionalisierte Zusammenarbeit angestrebt. Außerdem wollten die Sozialdemokraten durch die Kooperation mit der bürgerlichen Frauenbewegung eine Zersplitterung der Kräfte verhindern und durch ihre Beteiligung den sozialdemokratischen Grundsatz – Rechtsanspruch auf Unterstützungsleistung statt geberabhängige Almosen – mittels praktischer Techniken durchsetzen. Dennoch gab es in den meist paritätisch besetzten Kommissionen immer wieder Kontroversen zwischen bürgerlichen und sozialdemokratischen Mitgliedern. So lehnten Sozialdemokraten jegliche Begutachtung der Hilfsbedürftigen ab, Maßstab sollte allein die finanzielle Situation der Familie sein, während die bürgerlichen Frauen bei Facharbeiterfamilien zurückhaltender agierten, da lediglich das „Lumpenproletariat" in ihren Augen anspruchsberechtigt war.[182]

---

[180] Monat: Sozialdemokratie und Wohlfahrtspflege, S. 4. Wohlfahrtspflege wird hier verstanden als „[...] vorbeugende und heilende Maßnahmen öffentlicher und freier Stellen, die den Menschen, die sich in wirtschaftlicher, erzieherischer und gesundheitlicher Notlage befinden oder in eine solche hineinzugleiten drohen, individuelle Hilfe leisten." Zitiert nach ebd., S. VIII. Dies stimmt inhaltlich in etwa mit dem überein, was Hans Caspari auf der Frauenkonferenz im Oktober 1920 unter Wohlfahrtspflege verstand und dürfte so auch vom Großteil der Partei akzeptiert worden sein. Vgl. Protokoll über die Verhandlungen des Parteitages der Sozialdemokratischen Partei Deutschlands, abgehalten in Kassel vom 10. bis 16. Oktober 1920, Bericht über die Frauenkonferenz, abgehalten in Kassel am 9. und 10. Oktober, Berlin 1920, S. 358-360.

[181] So waren die Leistungsempfänger beispielsweise in ihrer Freizügigkeit beeinträchtigt und verloren das Reichstags-, Landtags- und Gemeindewahlrecht. Vgl. Sachße: Geschichte der Armenfürsorge in Deutschland, S. 27.

[182] Monat: Sozialdemokratie und Wohlfahrtspflege, S. 44, 47. Neben der Zusammenarbeit von Bürgerinnen und Sozialdemokratinnen war der Nationale Frauendienst auch ein Mittel, um

Wachenheim arbeitete für den Nationalen Frauendienst nicht nur Konzepte aus, sondern vertrat ihre Organisation auch in der Berliner Kommission für Kriegsfürsorge und setzte sich für Zuschlagszahlungen zur Reichsunterstützung durch die Stadtverwaltung ein. Aufgrund ihrer Herkunft aus der bürgerlichen Wohlfahrtspflege betrachtete sie diese Art der Hilfeleistung weniger kritisch als einige andere Sozialdemokraten. Wachenheims selbstverständliches und unkritisches Engagement für den Nationalen Frauendienst ist offenkundig auf ihre bürgerliche Herkunft und ihre fürsorgerische Ausbildung in einer privaten Einrichtung zurückzuführen. Auch der unvoreingenommene Umgang zwischen ihr, der Sozialdemokratin im Büro und ihrer Kollegin Liselotte Kuntze zeigt, dass Wachenheim im Grunde mehr als Bürgerliche denn als Sozialdemokratin wahrgenommen wurde. So war es beinahe eine Selbstverständlichkeit, dass Herr Kuntze, der Vater von Liselotte, Hedwig, im Krieg fern von Heimat und Familie lebend, zum Abendessen einlud. Wäre Wachenheim die Tochter eines Druckers gewesen, hätte sich dieser Umgang sicherlich nicht so selbstverständlich ergeben.

Aber Wachenheim entwickelte sich in Berlin weiter. Sie empfand zunehmend ein Sensorium für das Organisationsdefizit der sozialdemokratischen Frauenbewegung. Ihr fiel die Tatsache ins Auge, dass nicht alle Kommissionen des Nationalen Frauendienstes paritätisch besetzt waren, und führte dies auf die Mehrfachbelastung der Sozialdemokratinnen zurück. Zwischen Haushalt, Mutterschaft und Erwerbstätigkeit blieb ihnen, im Gegensatz zu den Frauen bürgerlicher Herkunft, die zumindest von der Erwerbstätigkeit und meist auch von einem Großteil der Hausarbeit befreit waren kaum Zeit für die Partei. Außerdem monierte Wachenheim, dass den proletarischen Haushalten meist das Geld fehlte, um zwei Familienmitgliedern eine aufwendige Parteiarbeit zu finanzieren und dass die Zahlabende, Orts- und Wahlkreisversammlungen häufig parallel zu den Frauenabenden stattfinden würden.[183]

---

die Gleichberechtigung der Frau an sich voran zu treiben, da im Rahmen einer eigenen Organisation Frauen unter der Führung und Anleitung ihresgleichen tätig waren. Dieser Anspruch wurde erst mit der Einrichtung des Kriegsamtes im Winter 1916/17 zurückgedrängt und die weibliche Autonomie durch die uneingeschränkte Entscheidungsvollmacht der Obersten Heeresleitung eingedämmt. Vgl. Hering: Geschichte der sozialen Arbeit, S. 89.

[183] Wachenheim: Vom Großbürgertum zur Sozialdemokratie, S. 57f.

Wachenheims politische Entfaltung lässt sich ferner an ihren ersten publizistischen Versuchen festmachen. Parallel zur Arbeit im Nationalen Frauendienst begann sie ab 1916 kleinere Artikel zu verfassen. Dabei wurde sie von ihrer Kollegin Liselotte Kuntze ermutigt, die für die „Frau" schrieb. Auch Wachenheim veröffentlichte anfänglich ihre Arbeiten über die Wohlfahrtspflege dort und in den „Blättern für soziale Arbeit". In ihrem ersten Aufsatz mit dem Titel „Die Berufsorganisation der sozialen Hilfsarbeiterin" stellte Wachenheim die desaströsen Arbeitsbedingungen der Fürsorgerinnen dar und rief zur Gründung einer überkonfessionellen Berufsorganisation auf. Diese Idee war nicht neu und es war auch nicht Wachenheims Verdienst, dass der „Deutsche Verband der Sozialbeamtinnen" im November 1916 gegründet wurde.[184] Mitglied aber wollte sie in diesem dann doch nicht werden: „Ich war eine viel zu gute Genossin, um in einen »bürgerlichen Verein« einzutreten, obwohl dieser Verein bürgerliche Tendenzen gar nicht hatte. Ich fühlte die Verpflichtung zur Absonderung, die mir die Arbeiterbewegung aufzuerlegen schien."[185] Und da sich Wachenheim zunehmend als Genossin identifizierte, wollte sie ihre Artikel auch nicht länger in den „bürgerlichen Blättchen" veröffentlicht sehen und bot daher ihre dreiteilige Studie über Jugenderlasse der Generalkommandos der „Gleichheit" an.

Wachenheim entwickelte sich während des Ersten Weltkrieges nicht nur weiter und sammelte Erfahrungen, sondern verschaffte sich auch langsam einen eigenen politischen Standpunkt. Denn nachdem sie sich einen Überblick über die von Clara Zetkin geleitete „Gleichheit" verschafft hatte, lehnte sie es ab, in diesem „linksradikalen" Organ weiter zu publizieren.[186] Hedwig Wachenheim durchlief zwischen dem Kriegsausbruch 1914 und der Spaltung der

---

[184] Vgl. Hering: Geschichte der sozialen Arbeit, S. 238.; Zeller: Wachenheim, Hedwig, S. 605.
[185] AdsD, NL Wachenheim, Historische Kommission, Mappe 4, loses Blatt.
[186] Wachenheim: Vom Großbürgertum zur Sozialdemokratie, S. 60. Während des Krieges entwickelte sich die „Gleichheit" zum Instrument für die kritische Auseinandersetzung der Frauen mit der Politik der SPD. Durch die Spaltung der SPD-Reichstagsfraktion im Jahr 1916 über die Frage weiterer Zustimmung zu den Kriegskrediten und der Gründung der USPD 1917, gab es einen redaktionellen Wechsel und eine konzeptionelle Änderung der Zeitung. Die „Gleichheit" wurde in den redaktionellen Hoheitsbereich der MSPD überführt. Nach dieser „Enteignung", wie es die USPDler nannten, schrieb Wachenheim wieder für die „Gleichheit". Vgl. Wickert: Unsere Erwählten, S. 72, 75.

Sozialdemokratie 1917 eine Radikalisierung beziehungsweise „Sozialdemokratisierung". Half sie noch zu Beginn des Krieges ganz selbstverständlich in der bürgerlichen Kriegswohlfahrt Mannheims mit – und folgte so einerseits ihren weiblichen Milieuvertreterinnen und andererseits der Meinung ihres politischen Mentors Ludwig Frank –, entwickelte sie in Berlin, ganz auf sich gestellt mit einigen Kontaktpunkten zu erfahrenen Genossen, einen eigenen Standpunkt. Insgesamt blieb sie zwar ihrer Einstellung treu, so sprach sie sich immer noch für die Richtigkeit des Krieges aus, aber sie vertrat diese Meinung nun eigenständig. Sie äffte niemanden mehr nur nach, sondern handelte aus Überzeugung, teilweise sogar in Opposition zu sozialdemokratischen Freunden und Förderern, wie den Wurms, die gegen die Bewilligung des Kriegsetats waren und Mitglieder der USPD wurden.

Parallel zu dem Prozess der „Sozialdemokratisierung" entwickelte Wachenheim auch außerhalb ihres bürgerlichen Milieus eine neue Selbstständigkeit. Durch die Vermittlung von Emanuel Wurm bekam sie Mitte des Jahres 1916 einen Arbeitsplatz bei der neu gegründeten Berliner Milchversorgung. Nun erhielt sie erstmals ein Gehalt und wurde somit ein Stück unabhängig von ihrer Familie. Die Annahme dieser Stelle bedeutete für Wachenheim einen endgültigen Bruch mit dem Status der „höheren Tochter". Auch weil sie nun unter Männern arbeitete, diese zum Teil anlernte oder ihnen gar vorgesetzt war. Die „Fettstelle (Milch)", wie sie in der Amtssprache offiziell genannt wurde, war ein typisches Produkt der kriegsbedingten Mangelwirtschaft. Die Großstadt Berlin musste mit dem rationierten Frischeprodukt koordiniert versorgt werden. Dafür bearbeitete Wachenheim die Beschwerden der Endverbraucher bezüglich saurer oder verdünnter Milch. Hinter ihrer Bürotür, die mit der Aufschrift „Saure Milch – Wachenheim" versehen war, entwickelte sie obendrein ein hohes Maß an Eigeninitiative. Auf ihren Vorschlag hin wurden die Großlieferanten bei wiederholter Abgabe minderwertiger Ware finanziell abgestraft. Dazu musste sie aber in Erfahrung bringen, ob die Milch durch unsachgemäße Zwischenlagerung innerhalb Berlins oder bereits bei der Ankunft am städtischen Bahnhof sauer gewesen war. Wachenheim baute hierfür ein Kontrollsystem auf, dessen Leiterin sie wurde.

Doch so richtig fand sich die junge Sozialdemokratin, die Jahre ihrer Jugend mit Müßiggang verbracht hatte, in eine geregelte Arbeit nicht ein. Als Abteilungsleiterin der Milchprüfung versuchte sie über politische Institutionen, wie beispielsweise die Landwirtschaftskammer Brandenburgs, Einfluss auf die Milchlieferanten zu nehmen. Allerdings stieß sie bei den Landräten, die Viehbesitzer und Vorsitzende der Kreismilchstellen in einem waren, auf taube Ohren. Davon ließ sie sich schnell frustrieren. Und mit der Erfolgslosigkeit stellte sich bei ihr die Langeweile ein. Sie nahm Urlaub, um mitten im Krieg erst einmal zu ihrer Familie nach Italien zu reisen.[187] Wachenheim hielt nichts und niemand in Berlin, vielleicht auch, weil sie bei ihren Kollegen äußerst unbeliebt war. Die ihr unterstellten Kontrolleure beschwerten sich über ihr herrisches Auftreten, ihre Mitarbeiter monierten, sie sei steif, verkrampft und übereifrig. Es scheint, als habe Wachenheim ihr bürgerlicher Habitus im Wege gestanden. Einerseits war sie im Umgang mit Kollegen befangen und versuchte diese Unsicherheit durch Überkorrektheit zu kompensieren, andererseits war sie es gewohnt, die sie umgebenden arbeitenden Menschen wie Dienstpersonal zu behandeln. So hatte Wachenheim aufgrund ihrer Sozialisation Schwierigkeiten, sich in ihr Arbeitsumfeld einzupassen, obwohl sie langsam eine politische (sozialdemokratische) Einstellung entwickelte.

*4.1.4 Öffentlichkeitsarbeit für die Sozialdemokratische Partei*

Auf ihrer neuen Stelle, die Hedwig Wachenheim nach dem Krieg antrat, schien sie alles besser machen zu wollen. Seit Juni 1919 arbeitete sie bei der Reichszentrale für Heimatdienst, die seit September 1918 publizistisch für den Demokratisierungsprozess im Auftrag des Rates der Volksbeauftragen warb.[188] In diese Anstellung wurde Wachenheim erneut von Sozialdemokraten als Sozialdemokratin vermittelt beziehungsweise gerade wegen ihrer Parteizugehörigkeit begünstigt. Erwin Barth, Wirtschaftsdirektor des „Vorwärts" und Vorstands-

---

[187] Wachenheim: Vom Großbürgertum zur Sozialdemokratie, S. 74-78.
[188] Entstanden war die Reichszentrale für Heimatdienst aus dem sogenannten Vaterländischen Unterricht, der den Soldaten seit Juni 1917 die Folgen eines verlorenen Krieges vermitteln sollte. Vgl. Wippermann, Klaus W. : Politische Propaganda und staatsbürgerliche Bildung, Die Reichszentrale für Heimatdienst in der Weimarer Republik, Bonn 1976, S. 21, 49, 62.

mitglied der Reichszentrale für Heimatdienst, beschaffte ihr die Leitung des neu eingerichteten Frauenreferates der Abteilung III, deren Aufgabe die staatsbürgerliche Erziehung durch pädagogisch- und gesellschaftstheoretisch-publizistische Konzeption war. Wachenheim hatte also für das neue Frauenwahlrecht im Sinne einer staatsbürgerlichen Bildungsstädte zu werben.[189] Aber sie war mit ihrer Euphorie für die parlamentarisch-demokratische Republik unter den konservativen Beamten der Behörde ziemlich allein. Obwohl Amtsleiter Dr. Strahl Neutralität von seinen Mitarbeitern verlangte, nutzte Wachenheim ihre Publikationsmöglichkeiten eindeutig für sozialdemokratische Argumente und spannte sogar prominente Genossinnen für die Mitarbeit ein, die Namensartikel unter dem Dach der Reichszentrale veröffentlichen konnten. Wachenheim war mittlerweile so tief in das sozialdemokratische Gedankengut eingedrungen, dass unter ihrer Feder sogar Angriffe gegen andere im Reichstag vertretene Parteien entstanden und sie überdies ihren Amtsleiter öffentlich einer reaktionären Politik bezichtigte.[190] Aufgrund dieser parteipolitischen Indienstnahme ihrer Stellung in einer Art staatlichen Bildungseinrichtung war Wachenheim nicht mehr haltbar und wurde Mitte des Jahres 1921 entlassen.

In ihrer neuen Tätigkeit als Angestellte, später Regierungsrätin bei der Reichsfilmbehörde in Berlin, hatte Wachenheim bereits dazugelernt: Sie stellte ihren politischen Standpunkt zurück, betonte die liberale Durchführung der Gesetze und machte wiederholt darauf aufmerksam, dass die Reichsfilmbehörde keine Geschmacks- oder Inhaltszensur verhänge.[191] Die Reichsfilmbehörde analysierte nach dem Lichtspielgesetz vom 12. Mai 1920 Filme, die der Öffentlichkeit vorgeführt werden sollten, auf ihre polizeiliche Unbedenklichkeit hin.[192]

---

[189] Richter, Johannes Karl: Die Reichszentrale für Heimatdienst, Geschichte der ersten politischen Bildungsstelle in Deutschland und Untersuchung ihrer Rolle in der Weimarer Republik, Berlin 1963, S. 133f.

[190] Vgl. Richter: Die Reichszentrale für Heimatdienst, S. 134.; Wippermann: Politische Propaganda und staatsbürgerliche Bildung, S. 288.

[191] AdsD, NL Wachenheim, Historische Kommission, Mappe 8, Blatt 16.

[192] Nach ästhetischen Gesichtspunkten wurden die Filme, nachdem sie unter dem polizeilichen Blickwinkel genehmigt wurden, durch die Preußische Bildungsstelle beim Zentralinstitut für Erziehung und Unterricht in Berlin und die Bayrische Lichtspielstelle geprüft. Die Bestimmungen bezüglich der Vergnügungssteuer hatten hier den Zweck, das Niveau der Neuproduktionen zu steigern und staatspolitisch bedeutsame, volksbildende oder künstlerische Filme

Wachenheim musste sich nun parteiintern mitunter für ihre liberalen Entscheidungen rechtfertigen. Auch in dieser Debatte gelang es ihr, eine eigene Meinung zu vertreten, die sie publizistisch in der Arbeiterwohlfahrt zu verbreiten suchte. Für Wachenheim sollte Zensur niemals das Belanglose, Kleinliche und Seichte treffen, sondern nur dort eingesetzt werden, wo sie wirklichen Schaden verhindern könne. Da Zensur in ihren Augen immer anklagt und maßregelt, werde sie mehr Aufsehen als Wirkung erreichen, tatsächliche Gefahren könnten in ihren Augen aber nur durch Erziehungsarbeit abgewendet werden.[193]

Aber Hedwig Wachenheim wirkte auch jenseits ihrer Anstellung publizistisch für die Partei, ja sogar in einer ihrer Vorfeldorganisationen, der Arbeiterwohlfahrt. Die Arbeiterwohlfahrt entstand Ende des Jahres 1919, um eine Rückbildung der Wohlfahrtspflege in Fürsorge und Almosendienst nach der sukzessiven Auflösung der Kriegsfürsorgeämter zu verhindern. Die Ziele der Organisation waren unter anderem die Förderung der gesetzlichen Regelung der Wohlfahrtspflege und deren sachgemäße Ausführung, Gewinnung und Schulung von Wohlfahrtspflegern, Stellungnahmen zur Frage der Wohlfahrt in der Öffentlichkeit, die Wahrnehmung der Interessen der Arbeiter bei der Neubesetzung von Stellen innerhalb der staatlichen Wohlfahrtspflege sowie die Vertretung der Arbeiterschaft bei den entsprechenden Behörden des Reiches. Wachenheim, die weiterhin nichts mit der praktischen Fürsorge zu tun haben wollte, konzipierte für die Arbeiterwohlfahrt ein „Lehrbuch der Wohlfahrtspflege"[194] und gab seit 1926 die Zeitschrift „Arbeiterwohlfahrt" heraus. Daneben war sie nicht nur Vorsitzende des Bezirksausschusses der Arbeiterwohlfahrt, sondern auch Mitglied im Hauptausschuss, dem leitenden Gremium des Verbandes. Die relativ unbeschlagene Genossin musste sich um diese Position nicht bewerben, sondern sie wurde an sie herangetragen, da sie die einzige in

---

steuerlich zu begünstigen. Das Lichtspielwesen nach dem Lichtspielgesetzt vom 12.05.1920, www.kinematographie.de/LSG1934.HTM (eingesehen am 20.10.2008).

[193] Wachenheim, Hedwig: Zensur?Ja! - Zensur?Nein!, In eigener Sache, in: Arbeiterwohlfahrt 4 (1929) 22, S. 689-691.

[194] Lehrbuch blieb bis weit in die fünfziger Jahre hinein als Vademekum in der Fürsorgeausbildung unverzichtbar. Vgl. Eifert: Frauenpolitik und Wohlfahrtspflege, S. 106-109.

Agitation und Organisation tätige Genossin war, die eine soziale Ausbildung hatte.[195]

Spätestens seit ihrer Tätigkeit für den Wohlfahrtsverband der Sozialdemokratie ist ein enormer Bildungshunger bei Wachenheim erkennbar. In der „Arbeiterwohlfahrt" rezensierte sie monatlich mindestens ein aktuelles Buch und las sich beinahe nebenbei in die klassisch-theoretische Parteiliteratur ein. Man kann förmlich beobachten, wie Wachenheim die ersten Jahre in der Weimarer Republik benötigte, um ihren intellektuellen Rückstand gegenüber den erfahrenen Genossen aufzuholen. Während ihrer Arbeit für die Wohlfahrtsorganisation wurde Wachenheim bewusst, dass Wohlfahrtspflege nicht ohne weiteres mit den Parteimaximen vereinbar war. Es ist ein Lernprozess erkennbar, eine deutliche Identifikation mit der Sozialdemokratie. So forderte sie beispielsweise staatlichen Ausbau und Sicherung der Wohlfahrtspflege und eine Zurückdrängung der privaten Institutionen.[196] Im Laufe der Weimarer Republik versuchte sie für sich den Widerspruch zwischen Arbeiterwohlfahrt und Parteimaximen aufzuheben: Armut sah Wachenheim nun eindeutig als Ergebnis der Fehlorganisation der Wirtschaft, im Kapitalismus wären durch Wohlfahrtspflege nur Milderungen der Missstände zu erreichen und erst durch eine sozialistische Wirtschaftsverfassung wäre eine Änderung möglich.[197]

In ihren Artikeln ergriff Wachenheim immer wieder die Initiative, machte Vorschläge für die Frauenbildung oder für die Schulung neu gewonnener Genossinnen. Die Protokolle der jährlich stattfindenden Frauenkonferenz belegen, dass Wachenheim mit ihren Aufsätzen zunehmende Bekanntheit und großes Ansehen innerhalb der Partei erlangte. Gleichzeitig wurde aber besonders in den frühen 20er Jahren betont, dass einige ihrer Beiträge unverständlich seien und dass Wachenheim hieran arbeiten solle – schließlich müssten ihr auch einfach Arbeiterinnen intellektuell folgen können.[198] Doch die Beschwerden

---

[195] Ebd., S. 32.
[196] Vgl. exemplarisch Wachenheim, Hedwig: Sozialistischer Kulturbund, in: Arbeiterwohlfahrt 1 (1926) 2, S. 57.
[197] Wachenheim, Hedwig: Republik und Wohlfahrtspflege, Rededisposition, in: Hauptausschuss für Arbeiterwohlfahrt (Hg.), Berlin 1927, 2.
[198] Vgl. Protokoll über die Verhandlungen des Parteitages der Sozialdemokratischen Partei Deutschlands, abgehalten in Görlitz vom 18. bis 24. September 1921, Reichsfrauentag der

nahmen in dem Maße ab, wie die anerkennenden Worte zu, und auch der Tonfall ihrer Artikel änderte sich. Hedwig Wachenheim lernte mit der Zeit, einfache, leicht verständliche Worte zu wählen, anstelle in der ihr vertrauten Bildungsromansprache des 19. Jahrhunderts zu formulieren.

Und besonders in den frühen 1930er Jahren ist bei Wachenheim anhand ihrer Aufsätze in der „Arbeiterwohlfahrt" noch einmal eine Weiterentwicklung beobachtbar: ihre kritischen Artikel werden zunehmend länger, zeugen von Sachverstand bezüglich der Finanzierungsmöglichkeiten der staatlichen Wohlfahrtspflege oder die Notverordnungen, deren Folgen und Zielverfehlung. Sie beschäftigt sich auch mit den Auswirkungen der prekären Finanzlage des Reiches für die Wohlfahrtspflege, deren Ursache sie in dem Misstrauen ausländischer Geldgeber gegenüber den Nationalsozialisten sah. Sie versuchte, dies ihren Lesern und Leserinnen zu erläutern und verteidigte die bisherigen Leistungen der staatlichen Wohlfahrtspflege gegen die nationalsozialistischen Kritiker.[199]

Spätestens seit Mitte der 1920er Jahre hatte die Wohlfahrtspflege innerhalb der Arbeiterwohlfahrt für Wachenheim auch ganz klar eine politische Komponente. Sie betonte in ihren Veröffentlichungen immer wieder, dass Wohlfahrtspflegerinnen politisch interessiert sein müssten und während ihrer Arbeit verpflichtet seien, Propaganda für die Sozialdemokratie zu betreiben,[200] außerdem setzte sie sich auch innerhalb der Arbeiterwohlfahrt verstärkt für den Schwerpunkt der Wohlfahrtspolitik ein und mahnte, die Pflege nicht perma-

---

Sozialdemokratischen Partei Deutschlands am 17. und 18. September 1921 in Görlitz, Berlin, Bonn, Bad Godesberg, unveränderter Nachdruck der Ausgabe Berlin 1917 [sic!] 1971, S. 32.; Protokoll über die Verhandlungen des Parteitages der Sozialdemokratischen Partei Deutschlands, abgehalten in Kassel vom 10. bis 16. Oktober 1920, Bericht über die Frauenkonferenz, abgehalten in Kassel am 9. und 10. Oktober, S. 380.

[199] Vgl. exemplarisch Wachenheim, Hedwig: Einfluß von Politik und Wirtschaft auf die Wohlfahrtspflege Neujahr 1931, in: Arbeiterwohlfahrt 6 (1931) 1, S. 1-7.; Dies.: Apparat in der Fürsorge? - Rechtsanspruch?, in: Arbeiterwohlfahrt 6 (1931) 7, S. 197-200.; Dies.: Woher kommt die Verschärfung der Wirtschaftskrise in diesem Winter?, in: Arbeiterwohlfahrt 6 (1931) 7, S. 203.

[200] Vgl. exemplarisch Dies: Reichstags- und Landtagswahlen und die Wohlfahrtspflege, in: Arbeiterwohlfahrt 3 (1928) 9, S. 257-262.

nent in den Vordergrund treten zu lassen.[201] Im Laufe der Zeit wurde die Wohlfahrtspflege für Wachenheim mehr und mehr ein politisches Kampfmittel, mit dem das Proletariat für die Revolution gestärkt und die Schwachen beeinflusst werden könnten.[202] Und weil Fürsorgerinnen, die sie zunehmend aus begabten Volksschülerinnen anwarb, dafür eine eigene Schulung bräuchten, initiierte Wachenheim im Oktober die einzige staatlich anerkannte Wohlfahrtsschule in Berlin. Hier unterrichtete sie auch selbst – nicht Fürsorge, sondern Staatsbürgerkunde. Und noch etwas hatte sich geändert: Mittlerweile schien sich Wachenheim zwischen Sozialdemokraten anpassen zu können. In der Schule ist sie aufgrund ihrer kameradschaftlichen Art, ihres Sachverstandes und der persönlichen Zuwendung ausgesprochen beliebt gewesen.[203]

### 4.1.5 Wachenheim in Parteiämtern

Hedwig Wachenheim war nicht nur in der Wohlfahrtspflege tätig, sondern beteiligte sich auch an der organisatorischen Arbeit innerhalb der Partei. Sie trat 1914 in die Sozialdemokratie ein, als diese fast eine Million Mitglieder hatte. Nun musste sie, wenn sie etwas werden wollte, die sogenannte Ochsentour durchlaufen. Sie wurde nicht einfach mehr nach oben gespült, wie noch

---

[201] Dies.: Vorschläge zur Schulung unserer Mitarbeiter Winter 1928/29, in: Arbeiterwohlfahrt 3 (1928) 18, S. 563-567.

[202] „Sie [die Arbeiterwohlfahrt, d.V.] will den Menschen, der aus wirtschaftlichen, körperlichen oder geistig sittlichen Gründen ein schwaches oder unnützes Glied geworden ist, wieder zu einem starken und wertvollen Menschen machen. Dessen ungeachtet ist auch die Wohlfahrtspflege Gegenstand des politischen Kampfes, einmal, weil sie öffentliche Mittel beansprucht, sodann weil sie die Schwachen kräftigt, somit auch das Proletariat in seinen Kämpfen stärkt. Außerdem können durch die Wohlfahrtspflege weite Volkskreise, nämlich die Hilfsbedürftigen, auf verschiedenste Weise beeinflusst werden. Die Sozialdemokratie setzt sich dafür ein, das Leben des Proletariats in der gegenwärtigen Wirtschaftsordnung so erträglich wie möglich zu gestalten. Die Wohlfahrtspflege ist ein Teil der Ordnung des öffentlichen Lebens, durch die solche Erleichterung möglich werden kann und deshalb arbeitet die Sozialdemokratie an ihr mit und ist bestrebt, sie so gut, wie es politische Machtverhältnisse gestatten, auszugestalten." Dies.: Frauen und Politik, Eine Einführung, in: Reichsausschuß für Sozialistische Bildungsarbeit (Hg.), Berlin 1926, S. 13.

[203] Klinger, Anne-Marie: Hedwig Wachenheim und die Entwicklung der Arbeiterwohlfahrt in der Weimarer Republik Diplomarbeit, Technische Universität Dresden, Fakultät für Erziehungswissenschaften, Institut für Sozialpädagogik und Sozialarbeit, Dresden, unveröffentlicht, eingesehen im Archiv für soziale Demokratie der Friedrich-Ebert-Stiftung 1997.

die Neueinsteiger um die Jahrhundertwende, als die Sozialdemokratie nur ca. 200.000 Mitglieder zählte.[204] Wachenheim nahm diese Bedingungen an und engagierte sich ab 1917 in ihrem Schöneberger Ortsverein.[205] Hier besuchte sie Frauenabende, auf denen sie als Rednerin bald ein Dauergast war und wurde Hauskassiererin. So kam sie einerseits in Kontakt mit proletarischen Haushalten und lernte andererseits freie Rede und einfachen Ausdruck.[206] Sie machte sich also mit ihrer neuen sozialdemokratischen Heimat langsam bekannt. Daneben gab sie noch während des Krieges Mädchenabende in Wedding. Hier hielt sie ungefähr ein Jahr lang Vorträge über die aktuelle politische Lage mit anschließender Diskussion. Während der Revolution sprach Wachenheim auf Veranstaltungen oft als „Quotenfrau". „Das zwang mich, gründlich über die Probleme der Partei in der Revolution nachzudenken, und ich erwarb auch Gewandtheit im Auftreten in großen Versammlungen und in der Anpassung an die Masse, die vor mir saß."[207]

In Schöneberg lernte Wachenheim im Laufe der Zeit die Berliner Partei kennen und wurde 1920 sogar Stadtverordnete in Groß-Berlin.[208] Die Berliner delegierten Wachenheim darüber hinaus zum Görlitzer Parteitag 1921 und zum Parteitag nach Berlin 1924.[209] Es ist bemerkenswert, dass Wachenheim diese

---

[204] Walter, Franz: Die SPD, Vom Proletariat zur Neuen Mitte, Berlin 2002, S. 9, 32.

[205] Schwind: Hedwig Wachenheim, S. 4. Hier wurde dann auch Elfriede Ryneck auf Wachenheim aufmerksam und empfahl sie für die Arbeiterwohlfahrt.

[206] Wachenheim: Vom Großbürgertum zur Sozialdemokratie, S. 60-63.

[207] Ebd., S. 86, 91.

[208] Ebd., S. 114, 140.

[209] Protokoll über die Verhandlungen des Parteitages der Sozialdemokratischen Partei Deutschlands, abgehalten in Görlitz vom 18. bis 24. September 1921, Reichsfrauentag der Sozialdemokratischen Partei Deutschlands am 17. und 18. September 1921 in Görlitz, S. 312.; Sozialdemokratischer Parteitag 1924, Protokoll mit dem Bericht über die Frauenkonferenz, Berlin, Bonn, Bad Godesberg, unveränderter Nachdruck der Ausgabe Berlin 1924, 1974, S. 259. Allerdings ist davon auszugehen, dass Wachenheim auf dem Parteitag in Kassel vom 10. bis zum 16. Oktober 1920 anwesend war, da sie Delegierte der Frauenkonferenz in Kassel war, die vom 9. bis zum 10. Oktober ebenfalls in der Kasseler Stadthalle abgehalten wurde. Außerdem hatte Wachenheim angekündigt, sich den Parteitag einmal ansehen zu wollen. Vgl. Ebd., S. 131. Ähnliches kann für den Sozialdemokratischen Parteitag in Kiel angenommen werden. Dort fand die Frauenkonferenz unmittelbar nach dem Parteitag statt. Vgl. Protokoll über die Verhandlungen des Parteitages der Sozialdemokratischen Partei Deutschlands, abgehalten in Kassel vom 10. bis 16. Oktober 1920, Bericht über die Frauenkonferenz, abgehal-

Erfolge erzielen konnte, obwohl ihr einerseits das sozialdemokratische Milieu vor 1914 völlig fremd gewesen war und andererseits ihr politischer Mentor und Förderer Ludwig Frank sie schon seit Jahren nicht mehr unterstützen konnte. An seine Stelle trat, zumindest zeitweise, Friedrich Stampfer. Er war derjenige, der Wachenheim bereits 1913 in die Anekdoten der Arbeiterbewegung einweihte und der den Kontakt zwischen Mathilde Wurm und Wachenheim vermittelte. Und Stampfer war es auch, der ihr half, nach der Rückkehr aus Mannheim die Einsamkeit in Berlin zu überwinden. Allerdings wollte Wachenheim sich mit Stampfer nur das Alleinsein vertreiben und gab ihm, nachdem er eine Intensivierung der Beziehung angestrebt hatte, einen Korb. Laut Wachenheim sprach Stampfer daraufhin während des gesamten Zeitraumes der Weimarer Republik kein Wort mehr mit ihr.[210]

Da sie zu Beginn der Weimarer Republik innerhalb der Parteiorganisation kaum auf nennenswerte Unterstützung zurückgreifen konnte, ist es auch nicht verwunderlich, dass Wachenheim 1921 und 1924 erfolglos für den preußischen Landtag auf aussichtslosen Listenplätzen in Potsdam kandidierte. Dies hatte natürlich auch mit innerparteilichen Auseinandersetzungen zu tun, denn in der links dominierten Berliner Sozialdemokratie der zwanziger Jahre war es für eine „Revisionistin" schwer, sich durchzusetzen.[211] Denn für Wachenheim galt der Leitspruch: „Von der Arbeiterpartei zur Volkspartei"[212] und sie plädierte für taktische Zugeständnisse an Koalitionspartner aufgrund der Anforderungen der politischen Ereignisse in der Weimarer Republik.

Mit der Zeit lernte Wachenheim immer mehr Funktionäre kennen. Auffällig hierbei ist, dass ihre Wegbegleiter größtenteils aus demselben Milieu stammten wie sie und ihre Wurzeln in den seltensten Fällen in einer Arbeiterfamilie hatten. Hierzu gehörten beispielsweise Otto Landsberg, der sich zu Beginn der Weimarer Republik in Hedwig Wachenheim verliebte, oder Hans

---

ten in Kassel am 9. und 10. Oktober; Sozialdemokratischer Parteitag 1927 in Kiel, 22. bis 27. Mai, Protokoll mit dem Bericht über die Frauenkonferenz 27. bis 29. Mai, Berlin 1927.

[210] Die Beziehung zu Stampfer ist in den Memoiren nur durch das Lesen zwischen den Zeilen ersichtlich. Vgl. Wachenheim: Vom Großbürgertum zur Sozialdemokratie, S. 64.

[211] Wickert: Unsere Erwählten, S. 149f.

[212] Vgl. Staudinger, Hans: Wirtschaftspolitik im Weimarer Staat, Lebenserinnerungen eines politischen Beamten im Reich und in Preußen 1889 bis 1934, Schulze, Hagen (Hg.), Bonn 1982, S. 85.

Staudinger.²¹³ Seit Anfang der 1920er Jahre war Wachenheim auch mit Ernst Heilmann, der aus (klein-)bürgerlichen Verhältnissen stammte,²¹⁴ und seiner Frau Magdalena befreundet. Heilmann wiederum verschaffte Wachenheim in seinem Wahlkreis in Frankfurt/Oder in den Jahren 1928 und 1932 einen guten Listenplatz, sodass sie im Jahr 1928 in den preußischen Landtag einziehen konnte, was sie vier Jahre später nur knapp verpassen sollte. Mit ihrem Landtagsmandat taten sich ihr auch andere Kontakte innerhalb der sozialdemokratischen Fraktion auf. So schilderte beispielsweise Ernest Hamburger, dass sich „die drei Grazien" Toni Jensen, Elisabeth Krischmann-Roehl und Hedwig Wachenheim in Sitzungspausen immer auf einer Bank in einer bestimmten Ecke im Flur zum persönlichen und politischen Austausch getroffen hätten. „Sie ergänzten sich auf ihre Art und waren sehr beliebt."²¹⁵ Wachenheim war also nicht automatisch mit Beginn ihrer Parteimitgliedschaft ein Bestandteil der Solidargemeinschaft, sondern wuchs erst mit der Übernahme einiger Funktionen, durch die intensive Beschäftigung mit der Geschichte und Ideologie der Partei in die Arbeiterbewegung hinein. Daher langweilte sie sich noch auf dem Görlitzer Parteitag, während sie sich später besser amüsierte, unterhielt und einpasste.²¹⁶ Ebendarum verstand sie die Sozialdemokratie auch als Lebensgemeinschaft.²¹⁷

---

[213] Wickert: Unsere Erwählten, S. 120. Otto Landsberg (1869-1957) wurde in Oberschlesien als Sohn eines Medizinal- und Kreisarztes geboren, studierte in Berlin Rechtswissenschaft. Seit 1912 war Landsberg für Magdeburg Mitglied des Reichstages und leistete eine Ehrenbezeugung für Kaiser Wilhelm II., woraufhin ihm die Parteiführung Opportunismus vorwarf. Landsberg wurde Mitglied im Rat der Volksbeauftragten und im Februar 1919 Reichsjustizminister. Aus Protest gegen den Versailler Vertrag trat er wenig später von seinem Amt zurück und ging für vier Jahre als Gesandter nach Belgien. Daraufhin kehrte er 1924 nach Berlin zurück und avancierte bis 1933 zum führenden Rechtspolitiker der SPD. Vgl. o.T., www.dhm.de/lemohtml/beografien/Landsberg_Otto/indes.html (eingesehen am 08.09.2008). Hans Studinger (1889-1980) war Verwaltungsbeamter und von 1918 bis 1927 Beamter im Reichswirtschaftsministerium, danach Ministerialdirigent im preußischen Handelsministerium und von 1929 bis 1933 Staatssekretär im selbigen. Nach der Emigration in die USA wurde Staudinger Lehrstuhlinhaber und später Dekan der „New School for Social Research". Vgl. Wachenheim: Vom Großbürgertum zur Sozialdemokratie, S. 152.

[214] Lösche: Ernst Heilmann (1881-1940), S. 100.

[215] Zitiert nach Wickert: Unsere Erwählten, S. 124.

[216] AdsD, NL Wachenheim, Historische Kommission, Mappe 8, Blatt 5.

[217] Wachenheim: Vom Großbürgertum zur Sozialdemokratie, S. 6.

Mit ihrer Wahl in den preußischen Landtag wurde Wachenheim endgültig ein Teil der Solidargemeinschaft. Aufgrund ihres sozialen Hintergrundes war sie nahezu eine perfekte Ergänzung für die pragmatische Koalition zwischen Zentrum, Deutsche Demokratische Partei und Sozialdemokratie. Das „Modell Preußen" war aufgrund der kontinuierlichen Regierungsverantwortung der Sozialdemokraten ein leuchtendes Beispiel im Reich und nur deshalb möglich, weil hier die sozialdemokratische Fraktion pragmatisch, verantwortungsfreudig, machtbewusst agierte und fraktionsübergreifend arbeitete.[218] Keine erstarrten Ideologen, sondern sozialdemokratische Pragmatiker, zu denen auch Wachenheim gezählt werden kann, machten die Koalition mit den bürgerlichen Parteien möglich.[219] Aus der Sicht der Abgeordneten des Zentrums und der Deutschen Demokratischen Partei war eine Annäherung und Zusammenarbeit mit Politikern wie Otto Braun, Albert Grzesinski, Ernst Heilmann oder auch Hedwig Wachenheim sicherlich leichter als mit Politikern, die dem Arbeitermilieu entstammten und deren sozialer Aufstieg erst mit der Parteikarriere zusammenfiel.[220] Denn ein ähnlicher Habitus, der durch eine gleichartige Herkunft geprägt und eine übereinstimmende Lebensführung geprägt wurde, erleichterte intuitiv die Kommunikation und somit die Zusammenarbeit untereinander.

---

[218] Vgl. Lösche/ Walter: Die SPD, S. 6f.; Winkler: Der Schein der Normalität, S. 400f. Winkler betont auch, dass besonders aufgrund der geringen personellen Kontinuität zu der Zeit vor 1918 die interfraktionelle Zusammenarbeit so erfolgreich war, im Vergleich zur Reichspolitik.

[219] Obwohl Wickert kritisiert, dass sich Wachenheim im Plenum des preußischen Landtages so gut wie nie zu Wort meldete, unterstreicht Lösche die Funktion des inoffiziellen Zirkels und Netzwerkes des Fraktionsvorsitzenden Ernst Heilmann, dessen kleiner Kreis um Hans Staudinger, Albert Grzesinski, Toni Jensen, Erich Kuttner und auch Hedwig Wachenheim Dreh- und Angelpunkt der Fraktionsarbeit war. Vgl. Wickert: Unsere Erwählten, S. 212.; Lösche: Ernst Heilmann (1881-1940), S. 111.

[220] Dieser Typus machte mit Gewerkschaftsfunktionären, Schriftstellern und Redakteuren den größten Teil der sozialdemokratischen Fraktion im preußischen Landtag aus. Vgl. Möller, Horst: Parlamentarismus in Preußen 1919-1932, Düsseldorf 1985, S. 258-260.

### 4.1.6 Sozialdemokratin mit bürgerlicher Lebensweise

Das Klein-Klein der politischen Agitation schien in ihr allerdings keine Begeisterungsstürme hervorzurufen. So war ihr das Reden auf Maifeiern ein Graus und durch ihre Vorträge Menschen aus der Lethargie aufzurütteln, missfiel ihr ebenso. Da nutzte sie die Reisen als Parteirednerin schon mal für kleine Ausflüge und Stadtbesichtigungen, damit ihre Aufgabe erträglich wurde.[221] Die Parteiarbeit, besonders im Wahlkampf, war für Wachenheim äußerst beschwerlich, die Propagandaarbeit in Preußen, Reden halten auf dem Land meist bis tief in die Nacht, Kartoffelschnaps trinken, Zugfahren in Abteilen dritter Klasse – all das war für sie kein Amüsement, sondern „musste ausgehalten" werden.[222] „Das Übernachten in kleineren Orten war kein Vergnügen. Zu Hause hatte ich unter einer Wolldecke geschlafen, die in ein Leinen oder Tuch eingeknüpft war und über die ein großes Plumeau (Federbett) sich ausbreitete. Dies hatte ich mir nach Berlin mitgenommen. Hier gab es nur Federbetten."[223] – Die Empörung über die preußische Schlafkultur ist im Unterton Wachenheims förmlich greifbar. Sie konnte auf die kleinen Annehmlichkeiten, die sie aus Mannheim kannte, nicht verzichten, während sie in der Arbeiterpartei agierte.

Obwohl Hedwig Wachenheim Mitglied der Sozialdemokratie war, pflegte sie weiterhin ihren bürgerlichen Lebensstil und passte sich nicht den Lebensbedingungen der Arbeiter an. So wohnte sie nicht im Berliner Wedding, sondern im vornehmen Charlottenburg. Das Zimmer war möbliert und ohne Kochgelegenheit,[224] doch das störte sie wenig, da sie erstens die finanziellen Mittel hatte, ständig auswärts essen zu können, zweitens eine Angestellte ihr den Haushalt führte[225] und sie drittens, ganz wie im Bürgertum üblich, beinahe

---

[221] Wachenheim: Vom Großbürgertum zur Sozialdemokratie, S. 104, 106, 116.
[222] Ebd., S. 4.
[223] AdsD, NL Wachenheim, Historische Kommission, Mappe 10, loses Blatt.
[224] Wachenheim: Vom Großbürgertum zur Sozialdemokratie, S. 57.
[225] Allerdings nahm sich Wachenheim die Haushälterin nur, um ihre Familie zu beruhigen. Denn eine junge, ledige Frau aus dem Bürgertum konnte nur dann außerhalb ihrer Familie leben, wenn sie entweder bei Verwandten oder in einer Pension wohnte, oder aber eine Hausangestellte als Anstandsdame fungierte. Vgl. Frankenthal, Käte: Der dreifache Fluch Jüdin, Intel-

täglich Einladungen zum Dinner erhielt. So aß sie jahrelang meist in mondäner Gesellschaft bei dem Rechtsanwalt Paul Levi, dessen ausgezeichnete Köchin Wachenheim sichtlich imponierte.[226]

Wenn die Ernährungslage einmal ungünstiger ausfiel, beispielsweise im Winter 1917, entschied sie sich, da sie auf keinen Fall Kohlrüben essen wollte, für einen Besuch bei ihren Verwandten in Triest. Hier gab es frisch gebackenes Brot und auch Restaurantbesuche waren beinahe noch eine Selbstverständlichkeit. Sie besuchte dort die Oper, das Theater, leistete sich feine Wäsche und einen Fuchspelz. Sie genoss, ganz ohne schlechtes Gewissen, ihr bürgerliches Leben in Italien. Dass ihre Genossen in Berlin zum Teil hungern mussten, schien ihr keineswegs Reue abzuverlangen. Aber auch in Berlin musste Wachenheim weder „Kohldampf schieben", noch in der Massenspeisung essen. Sie erhielt ab 1918 regelmäßig Lebensmittelpakete von ihrer Tante und Fleisch sowie Wurstwaren von einem pommerschen Rittergutsbesitzer.[227] Auch nach dem Krieg pflegte sie eine ihr vertraute und lieb gewonnene bohemehafte Lebenskultur. Sie ging, genauso wie sie es in Mannheim getan hatte, häufig ins Theater und Museum, pflegte also die Hochkultur. Sie zog mit ihrer Wirtin innerhalb Charlottenburgs in eine größere Wohnung, nahm Tanzstunden und probierte das Erlernte in einem Café am Kurfürstendamm aus.

Dass dies allerdings nicht mit der Lebensweise der Menschen harmonierte, mit denen sie größtenteils gemeinsam Parteiveranstaltungen bestritt, muss ihr schnell bewusst geworden sein. Spätestens, als Rudolf Breitscheid ihr für die Tanzstunden eine Strafpredigt hielt. Doch Wachenheim nahm diesen Tadel nicht all zu ernst, denn sie mutmaßte, dass Breitscheid selbst gerne eleganter gelebt hätte, wenn er die Mittel dazu gehabt hätte. Wachenheim hingegen hatte die finanziellen Möglichkeiten und machte, trotz ihrer politischen Einstellung, keine Abstriche bezüglich ihrer Lebensführung. Sie teilte diese Freuden, besonders das Tanzen sowie das gute Essen und Trinken, mit dem Genossen

---

lektuelle, Sozialistin, Lebenserinnerungen einer Ärztin in Deutschland und im Exil, Pearle, Kathleen M./ Leibfried, Stephan (Hg.), Frankfurt am Main 1981, S. 14.

[226] Im Hause von Paul Levi lernte Wachenheim beispielsweise die spätere Gräfin Waldeck, Helene Weigel, aber auch Bert Brecht oder Valeriu Marcu kennen. Vgl. Wachenheim: Vom Großbürgertum zur Sozialdemokratie, S. 137f.

[227] Wachenheim: Vom Großbürgertum zur Sozialdemokratie, S. 77.

Staudinger, der einst sogar vom Ausschluss aus der Partei bedroht war, da man ihm beim Schachspielen mit einem Studenten erwischt hatte. Ein Sozialdemokrat aber hatte in einem sozialdemokratischen Schachverein zu spielen.[228]

Ab 1921 verbesserte Wachenheim erneut ihr Wohnumfeld. Sie bezog zusammen mit Cora Berliner im ruhigen Grunewald das Dachgeschoss einer exklusiven und großzügigen Villa. „Wir nahmen uns eine Haushälterin. Ich bestand auf zwei Zimmer, um die Frankschen Möbel in einer Art Salon unterzubringen."[229] Dennoch schienen ihr die Verhältnisse zu beengt gewesen zu sein, immerhin schlief Berliner im Badezimmer, sodass Wachenheim 1928 in Berlin Tempelhof ein eigenes Haus mit Garten erwarb. Auch dies strapazierte ihre Finanzen anscheinend nicht übermäßig – immerhin unternahm sie im gleichen Jahr eine große Reise durch Italien. Sie fuhr auf den Spuren des Baedekers über Verona, Neapel, Rom, Florenz, Bologna und Pisa.[230] Und auch im darauffolgenden Jahr konnte sie ihre Reiselust nicht zügeln und hielt sich, sogar während des Wahlkampfes, in England auf.

Für Wachenheim lag neben ihrer Betätigung für die Arbeiterbewegung und ihrer Lebensweise kein Widerspruch. Die „proletarische Lebenskultur" war für sie durch einen Menschen definiert, der seine geistige Kraft und seine Zeit der Arbeiterbewegung widmete. Ihrer Meinung nach veranlasse eine Lebensverbesserung niemanden, seine sozialistische Gesinnung aufzugeben, da die kleinen Verbesserungen des täglichen Lebens, die „[…] Anregung, die das politische Leben bietet, und den Stolz, sich darin betätigen zu können […]"[231] nicht aufwiege.

### 4.1.7 Abschied von der Solidargemeinschaft

Obwohl Wachenheim in der „Arbeiterwohlfahrt" publizistisch versuchte, gegen die Nationalsozialisten anzugehen, scheint auch sie die Gefahr verkannt und unterschätzt zu haben. Die Verhältnisse spitzten sich seit dem Frühjahr 1933 zu: Wachenheim sollte sich nun täglich auf dem Polizeirevier melden, ihr

---

[228] Ebd., S. 43, 113.
[229] AdsD, NL Wachenheim, Historische Kommission, Mappe 8, Blatt 8.
[230] Ebd., Blatt 64.
[231] Wachenheim: Vom Großbürgertum zur Sozialdemokratie, S. 111.

Haus wurde durchsucht und sie verlor ihre Anstellung als Regierungsrätin. Nachdem sie zweieinhalb Jahre zusehen musste, wie ihre politischen Freunde verhaftet, gequält und ermordet wurden, befand sie sich in einem Zustand der Erschöpfung. Obwohl oder gerade weil der Zusammenbruch der Weimarer Republik für Wachenheim das Ende dessen bedeutete, wofür sie bis dato gelebt hatte, entschied sie sich für die Emigration. Sie ging über die Schweiz und Frankreich 1935 mit einem Einreisevisum und der großzügigen finanziellen Unterstützung ihrer Familie in die Vereinigten Staaten.

In den USA wurde sie schnell heimisch. Zum einen traf sie in New York ihr freundschaftlich verbundene Genossen wie Staudinger, Toni Sender oder Käte Frankenthal wieder und zum anderen wurde ihr sofort die Möglichkeit gegeben, sich in ein tätiges Leben zu stürzen. Auch in der sprachlichen Anpassung war sie manch anderen deutschen Emigranten überlegen, da sie in der Höheren Töchterschule in Mannheim im wöchentlichen Wechsel auf Englisch und Französisch unterrichtet worden war. Somit ist es nachvollziehbar, dass Wachenheim für Marie Juchacz in New York beweglicher und energischer auftrat, als sie selbst.

Nachdem Hedwig Wachenheim im August 1945 die amerikanische Staatsbürgerschaft erhalten hatte, kehrte sie noch ein paar Mal im Auftrag der US-Regierung als Leiterin der Kinderwohlfahrtsabteilung und spätere stellvertretende Leiterin der Wohlfahrtsabteilung der amerikanischen Hochkommission nach Deutschland zurück. Aber sie war in den vergangenen Jahren eine hundertprozentige, authentische Amerikanerin geworden. Deutschland nach 1945 war ihr fremd und nicht vertraut. In diesem Umfeld, welches in den vergangenen zwölf Jahren so schrecklich viele Grausamkeiten zugelassen hatte, konnte und wollte sie ihr Leben nicht mehr der aktiven Mitarbeit in der Sozialdemokratie widmen. Die Arbeiterbewegung lies Hedwig Wachenheim aber auch in den Vereinigten Staaten nicht los: Sie forschte über zehn Jahre lang an der University of California, Berkeley, über die Geschichte der Arbeiterbewegung vor 1914 und ließ sich schließlich zur Abfassung ihrer Memoiren über ihren Weg aus dem Mannheimer Großbürgertum in die Weimarer Sozialdemokratie überreden. Bei einem Deutschlandbesuch anlässlich des 50 jährigen Bestehens der Arbeiterwohlfahrt verstarb Hedwig Wachenheim am 8. Oktober 1969 in Hannover im Alter von 78 Jahren.

## 4.2 Carlo Schmid:
## der politische Star und das sozialdemokratische Sternchen

### 4.2.1 Schmid in der Partei: gefördert und eingebunden

Wo Hedwig Wachenheim nicht mehr aktiv mitarbeiten wollte und konnte, begann für Carlo Schmid erst das politische Engagement. Zunächst harmlos als parteiloser Honoratior im Dienst seiner Stadt, aber bereits seit 1946 als Mitglied der SPD. Hier absolvierte er, obwohl er ein politischer Neuling war, eine erstaunliche Blitzkarriere. Doch wie konnte es Carlo Schmid auf dem zweiten Nachkriegsparteitag der SPD im Sommer 1947 gelingen, mit solch einem brillanten Ergebnis[232] – 325 von 341 Stimmen – in den Parteivorstand gewählt zu werden? Wie vollzog Schmid konkret den Übergang von der gestaltenden Administration zur Parteipolitik? Zum einen war Carlo Schmid zu diesen Zeitpunkt immerhin unangefochtener Parteivorsitzender der SPD in Südwürttemberg. Denn als die französische Besatzungsmacht im Januar 1946 endlich auch der Neugründung von politischen Parteien zustimmte, hatte Schmid als Regierungschef erhebliche Startvorteile: Die Franzosen bejahten lediglich eine Parteigründung von oben, sodass er über das Staatssekretariat die Partei quasi als deren Repräsentant anmeldete.[233] Hinzu kam, dass das Amt als Länderchef bereits einen respektablen Nimbus auf die Genossen ausstrahlte, die SPD in Württemberg recht unterentwickelt war, politisch begabte Konkurrenten und alte Ansprüche kaum existierten[234] und einige erfahrene Parteifreunde wie Fritz Erler und Oskar Kalbfell innerhalb des Landesverbands für Schmid um Unterstützung warben.[235] Es ist daher kein Zufall, dass Carlo Schmid auf dem

---

[232] Nur Kurt Schumacher und Erich Ollenhauer erzielten ein besseres Ergebnis. Ebenfalls 335 Stimmen erhielt nur noch Fritz Henßler, der allerdings im Gegensatz zu Schmid bereits sei 1905 Mitglied der SPD war. Vgl. Protokoll der Verhandlungen des Parteitages der Sozialdemokratischen Partei Deutschlands vom 29. Juni bis 2. Juli 1947 in Nürnberg, Unveränderter Nachdruck der Ausgabe Hamburg 1948, Bonn 1976, S. 173.

[233] Geisel: Carlo Schmid, S. 23.

[234] Wolfrum, Edgar: Französische Besatzungspolitik und deutsche Sozialdemokratie, Politische Neuansätze in der »vergessenen Zone« bis zur Bildung des Südweststaates 1945-1952, Düsseldorf 1991, S. 120.

[235] Vgl. Schmid: Erinnerungen, S. 251.

Gründungsparteitag der Landes-SPD im Februar 1946 quasi als designierter Parteiführer das Hauptreferat hielt.

Und obwohl ihm Schumachers Rede auf der Reichskonferenz der Sozialdemokraten in Wennigsen vom Oktober 1945 unbekannt war,[236] kam Schmid zum anderen dem dort verkündeten Neubau-Ansatz sehr nahe. Schumacher und Schmid ergänzten sich gleichsam, wenn letzterer forderte, dass nicht die Abfolge von Klassenkämpfen, sondern das moralische Bewusstsein die Würde des Menschen ausmache. Der erste Nachkriegsvorsitzende der SPD dachte ähnlich. Ferner war Carlo Schmid die personifizierte Erfüllung der Forderung Schumachers nach einem verstärkten Engagement der Intellektuellen in der Sozialdemokratie. Hinzu kam, dass Schumacher, weil sie vor den Nationalsozialisten die Waffen gestreckt hatten, den führenden Sozialdemokraten der Weimarer Republik den Zugang zu exponierten Posten verweigerte.[237] Der Parteiführer setzte beim Aufbau einer neuen und lebendigeren Partei auf unverbrauchte Eliten.[238] Ein Vorteil dieser Strategie lag für Schumacher auch darin, dass dem sozialdemokratischen Neuling Schmid keine gewachsenen Loyalitäten innerhalb der Partei, keine Hausmacht zur Verfügung standen, mit deren Hilfe der Führungsanspruch des Parteivorsitzenden hätte in Frage gestellt werden können. Auch das mögen Impulse für Schumacher gewesen sein, Schmid so manche Türen zu öffnen.

Besonders wichtig war Kurt Schumacher dabei die Einbindung des zunehmend an überzonaler Bedeutung gewinnenden Carlo Schmid. Dieser ließ in den Nachkriegsjahren keine Möglichkeit zur interzonalen Zusammenarbeit aus und besaß gleichzeitig zahlreiche Privilegien: Reisegenehmigungen quer durch die Besatzungszonen und ein Automobil, gesteuert von seinem Faktotum Ernst Roller.[239] Das Ansehen des politischen Neulings mehrte sich vor allem auf der

---

[236] Vgl. Schmid: Erinnerungen, S. 251.

[237] Oeltzen, Anne-Kathrin/ Forkmann, Daniela: Charismatiker, Kärrner und Hedonisten, Die Parteivorsitzenden der SPD, in: Forkmann, Daniela/ Schlieben, Michael (Hg.): Die Parteivorsitzenden in der Bundesrepublik Deutschland 1949 - 2005, Wiesbaden 2005, S. 64-118, S. 67.

[238] Walter: Die SPD, S. 132.

[239] Hinzu kommt, dass die Alliierten besonders nach dem engeren Zusammenschluss der britischen und amerikanischen Zone zwecks größerer Einbindung der Franzosen einige Konferenzen in deren Sektor stattfinden ließen, beispielsweise die Rittersturzkonferenz oder die

Münchener Ministerpräsidentenkonferenz Anfang Juni 1947. Trotz der Dramatik dieser Versammlung erregte Schmid durch sein Referat über ein Besatzungsstatut große Aufmerksamkeit. Er wurde über Nacht zum gefeierten Star, zum Liebling der Medien.[240] Schmid führte aus, dass die Besatzungsmächte mit ihrer derzeitigen Politik ihrem Besatzungsziel – der Herstellung demokratischer Verhältnisse – zuwiderhandeln würden. Und weil er die Demontagepolitik, die Arbeitseinsätze und die viel zu geringen Kalorienrationen anprangerte, wurde der elitäre Professor zum Mitstreiter gegen die Ausbeutung der deutschen Arbeiter.[241] Nur so ist auch sein großartiges Ergebnis auf dem SPD–Parteitag zu erklären.

Doch offenbarte bereits dieser Parteitag auch Widerstände gegen den aufstrebenden Sozialdemokraten. Denn Schmid strebte in Nürnberg nach Höherem: Er wollte als Kulturpolitiker besoldetes Mitglied des Parteivorstandes werden.[242] Der Bildungsbürger Carlo Schmid war zwar ein glänzender Jurist, fühlte sich aber nichtsdestotrotz zum Kulturpolitiker berufen. Er genoss es, Professoren für die Tübinger Universität zu berufen, bekannte Schauspieler und Ensembles für seine Heimatstadt zu verpflichten oder Schulbücher zu

---

Besprechung in Niederwald. Gerade dort war das „Büro" auf Carlo Schmids Präsenz und Berichte angewiesen, denn selbst erhielten sie äußerst selten Einreisegenehmigungen.

[240] Das ging sogar soweit, dass selbst die Amerikaner ihm ein Amt in dem bizonalen Wirtschaftsrat anboten. Vgl. Wolfrum: Französische Besatzungspolitik und deutsche Sozialdemokratie, S. 297f.

[241] Auerbach, Hellmuth: Carlo Schmid und die französische Besatzungsmacht, in: Taddey, Gerhard (Hg.): Carlo Schmid, Mitgestalter der Nachkriegsentwicklung im deutschen Südwesten, Symposium anläßlich seines 100. Geburtstags am 7. Dezember 1996 in Mannheim, Stuttgart 1997, S. 32-42, S. 39.

[242] Auf einer gemeinsamen Sitzung des Parteivorstandes, des Parteiausschusses und der Kontrollkommission einen Tag vor Beginn des Parteitages wurde die Vergrößerung des Parteivorstandes auf dreißig Mitglieder beschlossen, davon acht besoldete und 22 unbesoldete. Schmid, der als Vertreter seiner Landespartei im Parteiausschuss an der Sitzung teilnahm, schlug vor, dass die Kulturpolitik durch einen besoldeten Vertreter im Parteivorstand repräsentiert werden sollte und meinte damit unzweifelhaft sich selbst. Ollenhauer wehrte dieses Ansinnen allerdings mit dem Verweis ab, dass zur Zeit die Gewerkschaftspolitik Vorrang habe und stellte fest, dass bei den 22 unbesoldeten Mitgliedern durchaus die französische Zone stärker repräsentiert sein müsste und gestand Schmid somit einen Platz zu. Vgl. Sitzung des Parteivorstandes, des Parteiausschusses und der Kontrollkommission am 28.06.1947, in: Albrecht, Willy (Hg.): Die SPD unter Kurt Schumacher und Erich Ollenhauer 1946 bis 1963, Sitzungsprotokolle der Spitzengremien, Band I 1946 bis 1948, Bonn 1999, S. 234-247, S. 239, 245.

gestalten. Dass sein Anspruch auf ein besoldetes Amt abgelehnt wurde, hatte auch mit seiner Position auf der Ministerpräsidentenkonferenz zu tun, wegen der es zu ersten Auseinandersetzungen mit Schumacher gekommen war. Denn kurz vor der Versammlung der Länderchefs hatte ein Treffen führender SPD–Politiker in Frankfurt stattgefunden. Hier hatte Schumacher erneut seinen Standpunkt geltend gemacht, dass die Münchener Konferenz lediglich „aktuelle Sorgen des Lebens" zu klären habe und niemand dort legitimiert sei, die „Möglichkeiten einer zukünftigen Reichsverfassung auch nur in der Tendenz vorwegzunehmen"[243]. Mit dem Vorstoß einer rechtlichen Bindung der Besatzungsmacht in Form eines Besatzungsstatutes und seiner Teilnahme an einem vor Schumacher verheimlichten Treffen des Deutschen Büros für Friedensfragen[244] am 20.5.1947, bei dem über rechtliche Möglichkeiten der Vereinigung der drei Besatzungszonen diskutiert wurde, widersetzte sich Schmid daher der klaren Anweisung seines Parteiführers. Doch Schumacher ahnte bereits zu diesem Zeitpunkt, wie er den eigensinnigen Professor zu handhaben hatte. Dies dokumentiert eine kolportierte Aussage Schumachers über Schmids Eigenmächtigkeiten bezüglich der Vorarbeiten für eine zukünftige Verfassung: „Laß die nur reden, wir handeln."[245]

Ihn in den Parteivorstand zu delegieren, diente also mehr der Einbindung denn des Zuwachs an Gestaltungsmacht für Carlo Schmid. Statt wie bisher selbstbestimmt agieren zu können, musste sich der frischgebackene Sozialdemokrat fortan in die Parteistrukturen einfügen. Welche Probleme daraus erwachsen konnten, sollte sich im Laufe der Jahre 1948 und 1949 zeigen. Im August 1948 tagten elf von den Ministerpräsidenten delegierte Sachverständige auf der Herreninsel im Chiemsee, um auf der Grundlage der Frankfurter

---

[243] Sitzung des Parteivorstandes und führender Sozialdemokratischer Landespolitiker vom 21. Mai bis 2. Juni 1947 in Frankfurt am Main, in: Albrecht (Hg.): Die SPD unter Kurt Schumacher und Erich Ollenhauer 1946 bis 1963, S. 218-235, S. 229.

[244] Schmid nahm bereits seit April 1947 an den Diskussionsrunden des Deutschen Büros für Friedensfragen teil, einer Institution, die dem Stuttgarter Länderrat der Bizone angegliedert war. Vgl. Hirscher, Gerhard: Aspekte der politischen Karriere Carlo Schmids von 1945 bis 1949, in: Knipping, Franz/ Le Rider, Jacques unter Mitarbeit von Mayer, Karl J. (Hg.): Frankreichs Kulturpolitik in Deutschland, 1945-1950, Tübingen 1987, S. 319-332, S. 330.

[245] Zitiert nach: Altendorf, Hans: SPD und Parlamentarischer Rat, Exemplarische Berichte der Verfassungsdiskussion, in: Zeitschrift für Parlamentsfragen 10 (1979) 3, S. 405-420, S. 415.

Dokumente eine Arbeitsvorlage für den Parlamentarischen Rat zu erarbeiten. Dank seines hoch geschätzten Sachverstandes wurde Carlo Schmid als eine Art Außenminister entsandt, denn seit der Landtagswahl in Württemberg-Hohenzollern im Sommer 1947 fungierte statt seiner der Christdemokrat Lorenz Bock als Ministerpräsident. Insgesamt waren die Teilnehmer der kurzfristig einberufenen Tagung nur grob von ihren Ministerpräsidenten informiert und instruiert worden.[246] Sie alle verstanden sich als Juristen und Vertreter der Länder, an die Direktiven der jeweiligen Partei fühlten sich die wenigsten gebunden. Besonders eklatant wurde die Ignoranz der Parteibeschlüsse bei Carlo Schmid. Schon im Vorfeld der Konferenz wuchs im Parteivorstand das Misstrauen gegen ihn: Er missachte die Resolutionen der Partei, halte sich nicht an Absprachen und informiere die Parteiführung über die Geschehnisse auf den interzonalen Tagungen nur unzureichend.[247] Mit direkten Verweisen auf seine Funktion im Parteivorstand wurde er immer wieder an seine Pflicht zum Gehorsam ermahnt. Er setzte sich dennoch über die Vorgaben der Parteiführung hinweg, auch weil diese von den Ereignissen selbst überholt wurden,[248] intransigent und gleichzeitig widersprüchlich waren. Weil er so freigiebig agierte und taktierte, blieb er auf Herrenchiemsee beweglich, konnte Kompromisse schließen und durch seine mit großer Aufmerksamkeit verfolgten, geistreichen Reden überzeugen. Darüber hinaus wurde sein Verhandlungsgeschick mit einem überaus positiven Presseecho honoriert.[249]

Doch trotz der nicht geringen Diskrepanzen und einer wachsenden Eifersucht zwischen einem Großteil des Parteivorstandes und Carlo Schmid konnten die Sozialdemokraten nicht auf ihren eigensinnigen, hochbegabten Juristen

---

[246] Wengst, Udo: Staatsaufbau und Regierungspraxis 1948-1953, Zur Geschichte der Verfassungsorgane der Bundesrepublik Deutschland, Düsseldorf 1984, S. 54.

[247] Vgl. Sitzung des Parteivorstandes am 2. und 3. August 1948 in Springe, in: Albrecht (Hg.): Die SPD unter Kurt Schumacher und Erich Ollenhauer 1946 bis 1963, S. 457-471, S. 459. Sitzung des Parteivorstandes und der sozialdemokratischen Ministerpräsidenten am 7. Juli 1948 in Assmannshausen bei Rüdesheim, in: Ebd., S. 448-456, S. 449.

[248] Carlo Schmid, eigentlich ein Föderalist, stieß im Parteivorstand vor allem bei Schumacher und den Befürwortern des Verfassungsentwurfs von Walter Menzel auf Widerstand, die immer wieder die Notwendigkeit der Zentralisation betonten. Ein weiterer Standpunkt war die Frage, ob die (provisorische) Verfassung von den Parteien oder den Vertretern der Länder erarbeitet werden sollte.

[249] Vgl. exemplarisch o.A.: Die Chiemseer Tagung, in: Rheinzeitung, 28.08.1948.

verzichten. Sein Ansehen bei den Besatzungsmächten und der ausländischen Presse, aber auch sein Prestige bei der deutschen Bevölkerung stieg von Konferenz zu Konferenz. Und: Die Sozialdemokraten mochten die von den Ländern gelenkte Verfassungsdiskussion zwar nicht befürworten, mussten sich aber den Realitäten stellen. Dazu gehörte, dass Carlo Schmid in den Parlamentarischen Rat beordert wurde. Dort kam eines zum anderen: Kurt Schumacher war erkrankt, andere einflussreiche Vorstandsmitglieder waren entweder nicht in der Landespolitik aktiv oder keine ausgewiesenen Verfassungsexperten, wieder andere – wie Walter Menzel, Adolf Arndt oder Hermann Brill – waren entweder nicht so prominent wie Schmid, keine renommierten Staatsrechtler oder noch weiter von dem Standpunkt Schumachers entfernt, sodass Carlo Schmid als Fraktionsführer der Sozialdemokratie im Parlamentarischen Rat übrig blieb und neben dem Präsidenten Konrad Adenauer Vorsitzender des Hauptausschusses wurde.

Nach Monaten zähen Ringens wurden viele Kompromisse ausgehandelt. Schmid sah sich zwischen den Positionen des sozialdemokratischen Parteivorstands und denen der CDU hin– und hergerissen. Dennoch versuchte er, handlungsfähig zu bleiben, wenigstens teilweise seine Vorstellungen durchzusetzen und einen Verfassungskompromiss zu erreichen. Damit bewies er Ausdauer und zugleich demokratisches Verantwortungsgefühl. Wie Carlo Schmid mit seiner vom Parteivorstand abweichenden Meinung umging, zeigte aber, dass ihm ein entscheidender, einen Politiker ebenfalls auszeichnender Wesenszug fehlte: das Streben nach Macht in der klassischen Definition. Denn Schmid versuchte nicht, seine Vorstellungen durch- und seinen Willen umzusetzen, sondern ignorierte die Unstimmigkeiten, ja er blendete sie völig aus, tat so, als seien sie gar nicht existent.[250] „Ich bin kein Mann der Macht; ich bin ein Machtkenner. [...] Es hat mir an der nötigen Härte gefehlt, die Wirkungen anderer zu beschränken oder meine zu verstärken."[251] Diese Einsicht, die Carlo

---

[250] Das ging mitunter soweit, dass er diese in seinen Erinnerungen völlig verschweigt bzw. auf konkrete Anfragen sich an bestimmte Parteivorstandssitzungen, bei denen mitunter ein Scherbengericht über ihn gehalten wurde, nicht mehr erinnern konnte. Vgl. AdsD, NLCS 462, Brief von Reinhard Bollmus an Schmid, 07.06.1973.

[251] Witter, Ben: "Es hat mir an der nötigen Härte gefehlt" Carlo Schmid, in: Ders. (Hg.): Spaziergänge mit Prominenten, Hamburg 1982, S. 17-25, S. 22.

Schmid am Lebensende in einem seiner letzten Interviews artikulierte, ist als Krux bereits am Beginn seines Politikerdaseins deutlich erkennbar. Weil der angelernte Sozialdemokrat ein Mann des Kompromisses und des Ausgleichs war, der jegliches Streben nach Macht vermissen ließ, konnte er sich, besonders seit der Genesung Schumachers gegen diesen keinen Widerspruch duldenden Parteiführer kaum mehr durchsetzen.

*4.2.2 Der Jurist ordnet sich in die Reihen der Genossen ein*

Doch der „Neusozialdemokrat" Carlo Schmid war in der Partei der späten 1940er Jahre kein Einzelkämpfer. Es gab durchaus Genossen, die von seinen staatsrechtlichen Konstruktionen überzeugt waren, seine Forderungen nach sozialen Menschenrechten unterstützten oder die in Carlo Schmid einfach einen Kombattanten sahen. Wilhelm Kaisen, Ernst Reuter oder Richard Löwenthal glaubten – vielleicht gerade weil im Vorfeld der ersten Bundestagswahlen die in- und ausländische Presse vorsichtig über einen möglichen Bundeskanzler namens Schmid mutmaßte[252] – mit dessen Hilfe den Führungsanspruch Schumachers auf die sozialdemokratische Fraktion zurückzudrängen.[253]

Wie bitter enttäuscht mussten sie über ihren wankelmütigen Protagonisten gewesen sein, als sich dieser in der Sitzung der SPD-Spitzengremien am 19. und 20. April 1949 mit Kurt Schumacher gegen den Grundgesetzentwurf des Parlamentarischen Rates aussprach. Ausgesprochen frustriert reagierten die Gefolgsleute, als es kein geringerer als Schmid selbst war, der vor Presse und Öffentlichkeit das Votum rechtfertigte.[254] Er lehnte den Kompromissentwurf ab, dem er zwar im Laufe der Zeit immer kritischer gegenüberstand, um den er aber dennoch bis zum Ende mit rang, und entpuppte sich als Paladin Schumachers. Auf dem Parteitag in Hamburg 1950 wiederholte sich das Schauspiel:

---

[252] Vgl. Weber: Carlo Schmid 1896-1979, S. 391.
[253] Schmid widersprach in dieser Sitzung sogar der Auffassung Löwenthals, dass sich ein einzelnes Mitglied der Partei nicht von der Fraktionsgemeinschaft absondern dürfe. Vgl. Sitzung der obersten Parteigremien am 19. und 20. April 1949 in Hannover, in: Albrecht (Hg.): Die SPD unter Kurt Schumacher und Erich Ollenhauer 1946 bis 1963, S. 141-175, S. 170.
[254] Schulz, Klaus-Peter: Authentische Spuren, Begegnungen mit Personen der Zeitgeschichte, Boppard am Rhein 1993, S. 147.

seinen Überzeugungen zuwider sekundierte Schmid Schumachers Absage an den Europarat.[255]

Aber es war nicht nur der fehlende Wille zur Macht, der Schmid in entscheidenden Momenten derart einknicken ließ, sondern auch seine Angst vor der Vereinzelung. Carlo Schmid war nicht nur ein Jurist, sondern auch ein feinsinniger Schöngeist. Er liebte die Poesie, war äußerst bewandert auf dem Gebiet der Literatur und ein talentierter Übersetzer. Der bürgerliche „Überläufer" war also auch eine empfindliche Künstlernatur, ein zartbesaiteter Charakter mit einer melancholischen Neigung.[256] Er fürchtete sich vor der Einsamkeit und Verlorenheit. Es war ihm eine unerträgliche Vorstellung, dass ihn tatsächlich eine „Eiszone der Isolation" umgeben könnte, wie es ihm Schumacher bei Nichtbeachtung der Parteivorstandsbeschlüsse androhte.[257] Auch weil ihm zu Beginn der Bonner Republik jeglicher privater Rückhalt fehlte – er lebte nach einer Affäre Anfang der 1940er Jahre von seiner Ehefrau getrennt, war schrecklich unglücklich in seine spätere Lebensgefährtin Hanne Goebel verliebt[258] und hatte kaum Zeit für die Pflege intensiver Freundschaften: Daher brauchte Schmid die Partei als Gemeinschaft und – obwohl er das immer bestritt – als Familie. Aber nicht nur seine Angst vor der Vereinsamung, sondern auch seine mitunter in Ruhmsucht ausartende Eitelkeit war auf Bewunderer angewiesen.[259] Ausgrenzung hätte Schmid einfach nicht ertragen können. Ohnehin war er durch die schneidige Art Schumachers öffentlich bereits genug gedemütigt worden.

Doch das waren nicht die einzigen Beweggründe des nach Autonomie strebenden humanistischen Bildungsbürgers, sich in die Reihen der Genossen ein- und dem Willen des Parteiführers unterzuordnen. Kurt Schumacher näm-

---

[255] Protokoll der Verhandlungen des Parteitages der Sozialdemokratischen Partei Deutschlands vom 21. bis 25. Mai 1950 in Hamburg, Frankfurt am Main o.J., S. 112-114.
[256] Weber: Carlo Schmid 1896-1979, S. 293.
[257] Troeger, Heinrich: Interregnum, Tagebuch des Generalsekretärs des Länderrates der Bizone 1947-1949, Benz, Wolfgang/ Goschler, Constantin (Hg.), München 1985, S. 114.
[258] Thomas, Michael: Deutschland, England über alles, Rückkehr als Besatzungsoffizier, Berlin 1984, S. 221.
[259] Vgl. Schulz, Klaus-Peter: Adenauers Gegenspieler, Begegnung mit Kurt Schumacher und Sozialdemokraten der ersten Stunde, Freiburg/ Basel/ Wien 1989, S. 124.; Beise: Carlo Schmid als Vorbild, S. 100.

lich verstand es hervorragend, die Menschen an sich zu binden,[260] und jemand wie Carlo Schmid fühlte sich ihm sosehr verpflichtet, dass er ihm die Treue mitunter bis zuz Selbstaufgabe hielt. Obwohl Schmid häufig wie ein von Schumacher geprügelter Hund litt[261] und gequält vom ständigen Nachgeben und Kompromissschließen mit dem Gedanken spielte, die politische Tätigkeit hinzuwerfen, blieb der intellektuelle Seiteneinsteiger dem strengen Parteivorsitzenden ergeben. Offensichtlich war Kurt Schumacher eine charismatische Führungspersönlichkeit, der man sich nur schwer entziehen konnte. Der Verlust seines rechten Armes im Ersten Weltkrieg, das jahrelange Martyrium im Konzentrationslager und schließlich die Amputation seines Beines machten Kurt Schumacher zum Krüppel. Ein Mann mit derart vielen physischen Gebrechen, erlitten im Kampf um seine Überzeugungen, faszinierte durch seine unermessliche Leidensfähigkeit, seine gnadenlose Härte und Kraft. Die Quelle seines Charismas war also das Leid.[262] In der Gefolgschaft dieses Märtyrers konnte auch Carlo Schmid seine Hände von der Schuld der Unterlassungen im Nationalsozialismus reinwaschen, durch Schumacher zu einem besseren Menschen werden.

Die enge Bindung an den Parteivorsitzenden half Carlo Schmid, innerparteiliche Hürden zu nehmen, Durststrecken zu überstehen und bei der Postenvergabe bedacht zu werden. Es war Kurt Schumacher, der in ihrer beider Heimat Württemberg mit Mannheim-Stadt den bestmöglichen Wahlkreis für den Professor auswählte.[263] Und Schmid war durchaus geeignet in Mannheim, Heimatort Wachenheims und Wahlbezirk des großen Ludwig Franks, dessen Nachfolge anzutreten. Auch Ludwig Frank war bürgerlicher Herkunft. Beide, Frank wie Schmid, arbeiteten auf eine regierungsfähige sozialdemokratische Partei hin, bemühten sich um eine Kooperation mit Frankreich, glaubten unbeirrt an den Menschen, engagierten sich für die Jugend und galten obendrein als hervorragende Redner. Mannheim und seine verwaltungserfahrene Sozialdemokratie konnten mit Carlo Schmid wirklich zufrieden sein und er mit ih-

---

[260] Merseburger, Peter: Immer ein Hauch von Paulskirche, Zum hundertsten Geburtstag von Carlo Schmid, in: Neue Gesellschaft/ Frankfurter Hefte 43 (1996) 12, S. 1078-1081, S. 1079.
[261] Troeger: Interregnum, S. 138.
[262] Walter: Die SPD, S. 131.
[263] AdsD, NLCS 479, Kurt Schumacher an den Bezirk Württemberg-Hohenzollern, 08.06.1949.

nen, denn in der SPD-Hochburg des Südwestens[264] war Schmid, ganz im Gegensatz zu Tübingen, sein Direktmandat fast sicher.[265]

Der sichere Wahlkreis war das eine, aber Carlo Schmid konnte auch nur mit der Billigung Kurt Schumachers Vorsitzender des Außenpolitischen Ausschusses sowie Bundestagsvizepräsident, dritter stellvertretender Fraktionsvorsitzender und Mitglied im Europarat werden. Sicher respektable Posten für einen Neuling. Als Vizepräsident war er hoch geschätzter Debattenführer des Bundestags. Doch langweilten ihn in diesem Amt Haushaltsfragen, Personalangelegenheiten und Erweiterungsbauten für die Volksvertreter. Auch der Posten des dritten stellvertretenden Fraktionsvorsitzenden und die Mitgliedschaft im Europarat bedeuteten zu wenig Einfluss. Das war nicht viel für eine universell begabte und angesehene Persönlichkeit, das war zu wenig für einen, der bis zuletzt für die große Koalition warb und mit dieser zumindest auf ein Bundesministerium hoffen durfte. Doch aufgrund der kompromisslosen Haltung des Parteivorsitzenden auch in der Angelegenheit des Bundespräsidenten ward er, Carlo Schmid, bundespolitisch zu einem Leichtmatrosen ohne Amt und Gestaltungsmacht.

Dennoch blieb Schmid innerparteilich ein Paria. Er verpasste es, sich langfristig Gefolgschaften zu sichern und Loyalitäten aufzubauen. Er war unfähig, sich durch eine Hausmacht schützen zu lassen, ja deren Bedeutung als Machtressource auch nur zu erkennen. So vernachlässigte er als Parteivorsitzender in Südwürttemberg seinen Bezirk, schlug Einladungen aus, reagierte nicht auf Bitten und Mahnungen, schob wichtigere bundes- und europapolitische Termine vor und ließ obendrein die Genossen in der Provinz spüren, dass er einfach keine Muße hatte, seine Zeit bei ihnen zu vertrödeln. Demzufolge musste er sich auch nicht wundern, dass man ihn im Frühjahr des Jahres 1950 aus dem Justizministerium in Württemberg-Hohenzollern verdrängte[266] und schließlich aus seinem Parteivorsitz vertrieb.[267] Hier, wo er einst so um-

---

[264] Fulst, Stefan: Auf dem Weg zur Volkspartei?, Die Entwicklung der SPD in Mannheim 1955-1972, Diplomarbeit Universität Mannheim, Mannheim 1994, S. 29, 75.
[265] Irek: Mannheim in den Jahren 1945-1949, S. 182f.
[266] AdsD, NLCS 3, Gebhard Müller an Karl Schmid 23.03.1950.
[267] AdsD, NLCS 1454 Briefwechsel zwischen Höse und Schmid im September und Oktober des Jahres 1950.

schwärmt war und man ihm wie selbstverständlich die Parteiführung anvertraut hatte hinterließ er – da er sich für höhere Aufgaben berufen sah – unnötigerweise Narben auf der empfindlichen sozialdemokratischen Seele.

Aber er ließ auch andere Gelegenheiten verstreichen, um sich politischer Freundschaften zu versichern, zum Beispiel die seiner Weggefährten aus dem Kulturpolitischen Ausschuss. Noch auf der Kulturkonferenz in Ziegenhain im August 1947 entstand unter seiner Federführung eine Art grundsatzprogrammatische Erklärung der SPD, es ging um die Absage an einen historischen Determinismus und um die Anerkennung der sittlich bewussten menschlichen Entscheidungen.[268] Doch Schmid wehrte sich nicht gegen die Herabsetzung dieser Gruppe, als sich Schumacher bereits 1947 von ihr distanzierte.[269] Als schließlich der Parteivorstand 1950 den Einfluss noch weiter zurückstutzte, sah er nur tatenlos zu.[270]

Und er verprellte nicht nur Genossen, die mit ihm in der Sache übereinstimmten, sondern fremdelte auch mit Parteifreunden, die eine ähnliche soziale Herkunft wie er selbst hatten. Auch eine »Phalanx der Bürgerlichen« konnte der Einzelgänger nicht schmieden. Dies war einerseits ein generationelles, aber vor allem auch ein habituelles Problem. So konnte er mit Karl Schiller, der mehr der Bourgeoisie als dem Bildungsbürgertum zuzurechnen war, wenig anfangen. Carlo Schmid, der sprachsensible Übersetzer von Charles Baudelaire und André Malraux, muss die Anglizismen, mit denen Karl Schiller um sich warf, schlichtweg als abstoßend und widerwärtig empfunden haben.

Doch nicht nur weil ihm eine schlagkräftige Hausmacht innerhalb der Partei fehlte, sondern auch weil er sich mit seinen außenpolitischen Konzepten zunehmend unglaubwürdig machte, wurde er ins Abseits gedrängt. Carlo Schmids Denken und Wirken wurzelten seit seiner Zeit am Kaiser-Wilhelm-Institut in der europäischen Idee und bereits seit jener Zeit war Schmid Befür-

---

[268] Klotzbach, Kurt: Der Weg zur Staatspartei, Programmatik, praktische Politik und Organisation der deutschen Sozialdemokratie 1945 bis 1965, Berlin/ Bonn 1982, S. 182.

[269] Grebing, Helga (Hg.): Entscheidung für die SPD, Briefe und Aufzeichnungen linker Sozialisten 1944-1948, München 1984, S. 97-99.

[270] AdsD, NLCS 1397, Arno Henning an die Mitglieder des Kulturpolitischen Ausschusses beim Parteivorstand der Sozialdemokratischen Partei Herrn Prof. Dr. Carlo Schmid 28.04.1950.

worter eines Systems kollektiver Sicherheit.[271] Bei jeder sich bietenden Gelegenheit trug er seine normative Vorstellung von Europa, von gemeinsamen Werten, individueller und politischer Freiheit, dem Rechtsstaat und der sozialen Gerechtigkeit vor. Dennoch hielt er sich bei politischen Grundsatzentscheidungen an die kompromisslose Haltung des Parteivorstandes, verteidigte die ihm zum Teil diametral entgegengesetzten Ansichten zunächst Kurt Schumachers und – nach dessen Tod – Erich Ollenhauers sowie schließlich Herbert Wehners, der seit Mitte der 1950er Jahre die Außen- und Deutschlandpolitik der Partei diktierte.[272] Infolgedessen wurde Schmid auf seinem Politikfeld nicht mehr ernst genommen. Durch seine inkonsistenten Aussagen verlor sein einst so benötigtes Expertenwissen an Wert. Je mehr Schmid in das politische System und die Sozialdemokratie involviert wurde, desto nachhaltiger verloren seine juristischen Kenntnisse und seine Ungebundenheit als wirkungsreiche Ressourcen an Wert. Innerhalb der sich wieder verfestigenden Struktur des Parlamentarismus zählten nicht mehr Schmids originelle staatsrechtliche und außenpolitische Winkelzüge, sondern seine Loyalität zum Parteivorsitzenden. Dies machte den politischen Neuling als Experten nicht nur unglaubwürdig, sondern auch unbrauchbar.

### 4.2.3 Carlo Schmid fremdelt mit den Genossen

Zu all diesen Mängeln gesellte sich dann noch ein Defizit an genuin politischen Fähigkeiten. Er hatte die Kunst des Politischen, im Gegensatz zu seinen innerparteilichen Konkurrenten, nicht in einer Jugendorganisation von der Pieke auf lernen und gleichsam als Erfahrungsschatz abspeichern können. Auch später machte er sich trotz seiner offensichtlichen Intelligenz und raschen Auffassungsgabe nicht daran, seine Gegner zu beobachten, von ihnen

---

[271] Wolfrum, Edgar: Deutschland, Frankreich, Europa, Frühe europapolitische Pläne Carlo Schmids, in: Taddey, Gerhard (Hg.): Carlo Schmid, Mitgestalter der Nachkriegsentwicklung im deutschen Südwesten, Symposium anläßlich seines 100. Geburtstags am 7. Dezember 1996 in Mannheim, Stuttgart 1997, S. 43-57, 45f, 49.
[272] Vgl. Meyer, Christoph: Herbert Wehner, Biographie, München 2006, S. 205.

und seinen eigenen Fehlern zu lernen.[273] Vermutlich hatte er das Gefühl, als arrivierter Professor mit seinen nunmehr 55 Jahren schlicht und einfach ausgelernt zu haben. Und genau diese Haltung vermittelte er seinen politischen Kollegen. Carlo Schmid ließ sie spüren, wenn ihm ihre Diskussionen stupide erschienen, reagierte herablassend, warf mit lateinischen Zitaten um sich, belehrte schulmeisterisch die Unwissenden oder dozierte über Dinge, die man aus der Literatur und von den großen Politikern lernen könne, wenn man sie nur lese und verstünde. Und wenn das alles immer noch nicht half, die Sitzungen ihn trotz allem anödeten und intellektuell unterforderten, blieb er den Besprechungen einfach ganz fern, schob ungeschickt wichtigere Termine vor und wurde dann in Bonner Restaurants oder einschlägigen Weinstuben gesichtet.[274] Das war nicht nur peinlich. Es sorgte auch für Unfrieden und Verärgerung. Die Zeiten, in denen der „Neue" noch wie bei den Beratungen über die badische Landesverfassung vorpreschen und seine Gegner durch wortreiche Expertisen überrumpeln konnte, waren vorbei. Innerhalb des wiedererrichteten sozialdemokratischen Parteiapparates waren Verhandlungsgeschick, Beharrlichkeit, Einfühlungsvermögen, aber auch Durchsetzungsfähigkeit und Überzeugungskraft gefragt.

Das zweite große Problem von Carlo Schmid waren seine Indiskretion und Geschwätzigkeit. So gab er – der sich unter gebildeten und scharfsinnigen Journalisten wohler fühlte als unter seinen Genossen – oft Interna weiter. Dabei ging manchmal auch die Fantasie mit Schmid durch, schon Kurt Schumacher nannte ihn „unseren kleinen Lügner"[275] – auch das erhöhte weder seine Glaubwürdigkeit, noch machte es ihn vertrauenswürdig.

Und noch ein dritter, eklatanter Mangel kennzeichnete den Neupolitiker: Er fiel regelmäßig in Wahlkämpfen aus. Häufig seine physische und psychische Kondition beklagend, mussten Termine wiederholt abgesagt und in der Provinz bereits gebuchte Hallen storniert werden. Schon 1949 war er nicht voll einsatzfähig, da er sich bei einer Kur von der strapaziösen Vorarbeit für die

---

[273] Auch das wechselseitige Lehrer-Schüler-Verhältnis zwischen Erler und Schmid litt, da Schmid von Natur aus mehr Lehrer als Schüler sein wollte. Vgl. Soell: Fritz Erler, S. 296.
[274] Vgl. Weber: Carlo Schmid 1896-1979, S. 462.
[275] Merseburger: Der schwierige Deutsche Kurt Schumacher, S. 471f.

staatsrechtliche Konstituierung der Bundesrepublik erholen musste.[276] Sozialdemokraten, die während des Nationalsozialismus in Konzentrationslagern gelitten oder die Strapazen der Emigration ertragen hatten, konnten über so viel Empfindlichkeit und so wenig Kampfgeist nur den Kopf schütteln. Und wenn Schmid einmal an Kundgebungen teilnahm, gestaltete sich auch das nicht völlig problemlos. Er musste immer wieder ermahnt werden, die vorgegebenen Redezeiten einzuhalten,[277] überforderte seine Zuhörer häufig und verschloss sich völlig der Kritik an seiner Vortragsweise. Seine im Moment des politischen Einstiegs noch vorteilhafte Andersartigkeit behinderte ihn zusehends. Brauchte die Sozialdemokratie 1947/48 noch einen gelehrten Juristen in den überzonalen Versammlungen, war er in späteren Jahren als dozierender Besserwisser auf Wahlkampfveranstaltungen beinahe ungeeignet.

Überhaupt fehlte es Carlo Schmid an Gespür für seine Genossen. Sein großzügiger, glamouröser, auch anrüchiger Lebenswandel wirkte abstoßend auf die sozialdemokratische Bescheidenheitsmoral. Sein Privatleben war nicht unheikel, es gab mindestens ein außereheliches Kind und zahlreiche Affären wurden ihm zumindest nachgesagt. Einige aus dem Parteivorstand schien die Angelegenheit so sehr beschäftigt zu haben, dass sie Schmid verschämt antrugen, zu seiner Ehefrau zurückzukehren. Daneben erregte auch sein selbstverständlicher Verkehr mit der gesellschaftlichen High Society Verdruss und ließ ihn in den Verruf kommen, mit dem Klassenfeind zu paktieren.[278] Und wenn bei seinen gewohnheitsmäßigen Gesellschaften, die regelmäßig überfüllt waren, die Damen zu seinen Füßen saßen und bewundernd zu ihm aufschauten, liebte er es, sich in Szene zu setzten. Dabei trug er nicht nur eitel seine Bildung vor sich her, sondern konnte mitunter auch schneidend und verletzend im Urteil sein.[279]

Dass Carlo Schmid nicht so richtig zu der sozialdemokratischen Gemeinschaft dazugehörte, zeigen auch die Anreden, mit denen ihn Briefschreiber bedachten. „Hochverehrter Prof. Schmid" war da zu lesen, man wandte sich an

---

[276] AdsD, NLCS 491, Carlo Schmid an Jakob Trumpfheller, 27.06.1949.
[277] AdsD, NLCS 1509, Fritz Sänger an Carlo Schmid, 14.07.1961.
[278] Vgl. Weber: Carlo Schmid 1896-1979, S. 308.
[279] Renger, Annemarie: Ein politisches Leben, Erinnerungen, Stuttgart 1993, S. 189.

ihn mit dem distanzierten und respektvollen „Sie" anstelle des vertrauten „du", und Fritz Erler strich sogar einmal das altgewohnte „Genosse" durch und ersetzte es durch „Verehrter Herr Schmid".[280]

Nicht nur die Genossen fremdelten mit ihm, auch Carlo Schmid haderte mit seiner Partei, vor allem aber mit den Funktionsmechanismen des Apparats. So fühlte er sich bevormundet, als ihn der Parteivorstand aufforderte, seine Redemanuskripte vorab zur Kenntnis zu übermitteln. Er empfand es als Entwertung seiner Persönlichkeit, wenn er gemahnt wurde, Berichte über Konferenzen, Sitzungen oder Zusammenkünfte dem „Büro" zukommen zu lassen. Seine Fähigkeiten sah er vergeudet bei den zahlreichen Briefwechseln mit klagenden, bittenden oder vorwurfsvollen Genossen. Die an ihn adressierten Briefe, in denen er manchmal mit einem Rotstift die Rechtschreibfehler korrigierte, müssen ihm so manche Qual bereitet haben. Für den Professor war auch die von seinen Genossen gepflegte Diktion abscheulich. Im verletzenden Stil informierte ihn beispielsweise der Bezirk Braunschweig, dass Schmid Terminvorschläge für die Wahlkampfveranstaltung machen könne, denn er sei ihnen als Wahlredner zugeteilt worden und müsse zur Verfügung stehen.[281] Er, die respektable Berühmtheit, wurde bedrängt, zugeteilt und musste sich fügen; er, der doch eigentlich gewohnt war, höflich und konziliant gebeten zu werden.

Da er sich so gar nicht den sozialdemokratischen und politischen Gepflogenheiten anpassen wollte, tat er das, was er 1950 auf dem Hamburger Parteitag von anderen gefordert hatte. Er hatte damals – und verlor daraufhin etliche Sympathisanten – die Maxime ausgegeben, dass all jene, die die Meinung der Fraktion nicht teilten, in den Schatten zu treten haben.[282] So legte er nach der ersten Wahlperiode das Amt des dritten stellvertretenden Fraktionsvorsitzenden nieder und bemühte sich auch nicht mehr um einen wichtigen Bundestagsausschuss. Als Begründung schob er seine 1953 in Frankfurt erhaltene Professur vor und gab an, sich wieder mehr seinen Studenten widmen zu wollen. Dabei verschwieg er geflissentlich, dass eine im Bayrischen Rundfunk über-

---

[280] AdsD, NLCS 1448, Fritz Erler an Carlo Schmid, 06.08.1947.
[281] AdsD, NLCS 1765, Fritz Wulfert an Carlo Schmid, 21.08.1961.
[282] Protokoll der Verhandlungen des Parteitages der Sozialdemokratischen Partei Deutschlands vom 21. bis 25. Mai 1950 in Hamburg, S. 112-114.

tragene Rede zu großen innerparteilichen Konflikten und scharfen Angriffen gegen ihn geführt hatte. Schmid hatte die Genossen gedrängt, den „Ballast" über Bord zu werfen, um eine Volkspartei zu werden. Aus seinen Forderungen sprach die Enttäuschung über die erneute Niederlage bei der Bundestagswahl. Doch musste er deshalb gleich die Wahlkampfführung des Parteivorstandes und die Symbole der Arbeiterbewegung öffentlich derart diskreditieren? Was für Schmid und einige andere Reformer nur ein unnötiger Hemmschuh beim Ausbruch aus dem 30-Prozent-Turm darstellte, war für die kleinen Funktionäre ein Teil ihrer Lebenswelt, ihrer Identität, den sie noch längst nicht bereit waren aufzugeben.[283] Und es traf ihn hart, dass besonders die Parteiaktivisten aus Süddeutschland, allen voran Erwin Schoettle, ihn angriffen.

*4.2.4 Den Differenzen zum Trotz: Schmid hält sich an Bord*

Doch obwohl für Schmid Ballast war, was für manchen Parteifunktionär die Lebenswelt darstellte, konnte sich der Bildungsbürger in der Arbeiterpartei halten. Warum läuteten an dieser Stelle nicht die Totenglocken des sozialdemokratischen Neulings? Die politische Karriere von Carlo Schmid stagnierte, dennoch bedeuteten diese Rückschläge nicht ihr Ende. Es ist auf den ersten Blick geradezu überraschend, dass sich Schmid trotz aller Unzulänglichkeiten in der Hauptkampflinie der Politik dauerhaft halten konnte. Ein wichtiger Grund dürfte darin gelegen haben, dass Schmid nach nunmehr fast acht Jahren Politik verstanden hatte, dass er die SPD brauchte. Die Debatten und Abstimmungsergebnisse im Bundestag machten ihm deutlich, dass er allein nichts hätte ausrichten können. Ohne eine starke Fraktion wäre er erst recht der Don Quichotte gewesen, für den er sich gelegentlich ohnehin hielt. Er brauchte die Sozialdemokratie, um sich überhaupt politisch zu betätigen, ja, um Gehör zu finden.[284] Nun verstand er auch, dass die Menschen, respektive die Wähler ebenfalls die Parteien zur Orientierung, zum Zurechtfinden benötigten. Und eben weil er seinen Frieden mit der Partei machte, ließ er sich nicht so leicht

---

[283] Walter: Die SPD, S. 142.
[284] Vgl. Interview mit Carlo Schmid, Carlo Schmid: "Da wollte Chruschtschow die Konferenz abbrechen..." in: Bild am Sonntag, 09.01.1972.

vergraulen. Selbst Anfragen aus dem Parteivorstand über seine Tätigkeiten während des Nationalsozialismus beantwortete er zwar ungeduldig, nahm diese indirekten Beschuldigungen aber nicht zum Anlass, sich vollends auf seinen Lehrstuhl zurückzuziehen.[285]

Daneben entwickelte Schmid sogar gewisse politische Fertigkeiten, indem er lernte, auch peinliche Affären und Desavouierungen zu überstehen. Ende Februar 1953 konnte man in den Zeitungen lesen, Schmid halte „Ollenhauer für einen kleinen Maurergesellen mit Spatzenhirn", Erwin Schoettle sei in seinen Augen „dumm und korrupt"[286] und Fritz Eberhard, dem er mal richtig die Meinung gesagt habe und der eigentlich Hellmut v. Rauschenplatt heiße, sei „der letzte Dreck", ein „Bastard" und eine „olle Tunte"[287]. Die Verunglimpfung der eigenen Genossen und des Parteivorsitzenden mitten im Wahlkampf war ein Skandal ersten Ranges. Einige Sozialdemokraten suchten eine Niederlegung des Bundestagsmandats respektive einen Parteiausschluss zu erreichen.

Was war geschehen? Schmid hatte mit Friedrich Sieburg geplaudert, begleitet von den Redakteuren Schneider, Fischer und Miller für die Sendereihe „Vom Hundertsten ins Tausendste" des Süddeutschen Rundfunks im Februar 1953. Zur Entspannung der Atmosphäre waren alkoholische Getränke gereicht worden. Nach getaner Arbeit hatte sich Schmid, unter Einfluss weiterer Drinks und einer fiebrigen Erkältung, dann zu Hetzereien und Verunglimpfungen hinreißen lassen. Da er für derartige Ausfälle bekannt war, wäre die Situation noch zu retten gewesen, wenn nicht die Aufnahme – entgegen der Annahme aller – weiter gelaufen wäre. Doch richtig pikant wurde die Schererei eigentlich erst, als der Intendant des SWR und alte Rivale Carlo Schmids im Parlamentarischen Rat, Fritz Eberhard, dessen vermeintliche Äußerungen über Ollenhauer und Schoettle frei erfand und breit streute.

Schmid, der seinen Fauxpas wohl gehörig bereute, entschuldigte sich öffentlich, stellte den Sachverhalt bei Ollenhauer richtig und – was besonders erstaunt – schien sich dem Apparat eine Winzigkeit anzupassen: Er leistete

---

[285] AdsD, NLCS 4, Carlo Schmid an Thomas Dehler, 19.06.1951.
[286] Zitiert nach Weber: Carlo Schmid 1896-1979, S. 487.
[287] AdsD, NLCS 2015, Abschrift des schriftlichen Urteils in Sachen Helmut Fischer gegen den Süddeutschen Rundfunk wegen Kündigungswiderruf.

reumütig Abbitte, vor allem bei seinem Wahlkreis in Mannheim, war plötzlich auch zu großen Wahlkampfeinsätzen selbst in der Provinz bereit und schrieb beflissen Berichte über dies und jenes an Herbert Wehner.[288] Gerade weil der Parteivorsitzende eine prominente Persönlichkeit wie Carlo Schmid im Wahlkampf nicht aus der Partei ekeln konnte, stärkte die Mannheimer SPD-Spitze ihm den Rücken.[289] Und weil Carlo Schmid die Presseattacken und die Feindseligkeiten aus den eigenen Reihen aushielt, versandete die Kritik recht bald wieder und fiel an den Verursacher zurück[290] – da Eberhard durch die Befeuerung des Skandals letztlich den politischen Gegnern im Bundestagswahlkampf in die Hände spielte.

Schmid lernte also, Skandale zu überstehen. Mit der Zeit vermochte er sich in die Sozialdemokratische Partei einzufügen, weil er aus der tätigen Arbeit heraus verstand, dass die politische Gemeinschaft nicht aus lauter „Edelmenschen" besteht, die „dem Ideal des Perikles"[291] entsprechen. Und Schmid lernte auch, schmerzhafte Niederlagen zu verkraften. Der Utopist musste vor dem Politiker dafür natürlich Rechtfertigungen finden und in seiner geschwungenen Sprache hörten sich seine Apologien recht gefällig an: „Wenn 90 Prozent meiner Fraktionskollegen einer bestimmten Meinung sind, bin ich dann unbedingt sicher, daß ich, gerade ich, recht habe, der ich anderer Meinung bin?"[292] Im Laufe der Zeit beurteilte Carlo Schmid die Abstimmungen im Parlament nicht mehr nach wahr oder falsch beziehungsweise sittlich geboten oder verwerflich, sondern nach Zweckmäßigkeit und Zumutbarkeit.[293] Man müsse sich mit Annäherungen zufriedengeben, um das Gewissen nicht überzustrapazieren. Carlo Schmid entlastete sich, indem er sich arrangierte – symptomatisch hierfür ist, dass er brieflich seine Genossen immer seltener mit „bes-

---

[288] Vgl. AdsD, NLCS 1182, Brief von Carlo Schmid an Jakob Ott, 25.03.1953 und 29.05.1953, Brief von Carlo Schmid an Jakob Trumpfheller, 15.04.2953 und 23.06.1953.

[289] AdsD, NLCS 1182, Brief von Jakob Ott an Carlo Schmid, 02.04.1953, Brief von Jakob Trumpfheller an Carlo Schmid 27.03.1953 und 08.09.1953.

[290] AdsD, NLCS 2015, Brief von G. Korth (Vertreter des Ortsausschusses Stuttgart des Deutschen Gewerkschaftsbundes) an Carlo Schmid, 17.04.1953.

[291] AdsD, NLCS 240, Politik als Beruf – oder: Der arkadische Traum von der elitären Demokratie, Interview mit Karl-Heinz Wenzel für die Deutsche Welle (vermutlich Juli 1966).

[292] AdsD, NLCS 797, Brief von Schmid an Pfarrer K. Stein, 14.11.1964.

[293] Ebd.

ten Grüßen" verabschiedete, sondern seine Korrespondenz mit dem „sozialistischen Gruß" beschloss.

### 4.2.5 Der bürgerliche Sozialdemokrat wird noch einmal gebraucht

Doch all dies half der Partei wenig, als sie 1957 bei der Bundestagswahl erneut verlor. Obwohl man sich auf 31,8 Prozent leicht verbesserte, kam doch alles noch viel schlimmer als befürchtet: Der politische Gegner erlangte mit 50,2 Prozent die absolute Mehrheit und war fortan weder auf die FDP noch andere Kleinparteien angewiesen. Die Sozialdemokratie musste sich dringend nach neuen Möglichkeiten umschauen und den Wählern neue Angebote machen, wollte sie nicht für ewig die einflusslose Rolle der Oppositionspartei übernehmen. Dies konnte nur gelingen, wenn man neue Wählerschichten jenseits des traditionellen Milieus hinzugewann.

Und wer sollte dafür besser geeignet sein als der beliebteste Politiker der Republik? Der sozialdemokratische Carlo, der Professor, Künstler, europäische Bildungsmensch avancierte so kurzzeitig zum Hoffnungsträger der Arbeiterpartei. Der dichtende homo sociologicus Carlo Schmid hatte ein Programm: die universelle Bildung, den demokratischen Menschen, ein gemeinsames Europa – das waren zum Teil vorausschauende Ideen, die hintergründig Gemeinsamkeiten stiften konnten.[294] Von einem rational denkenden Machtpolitiker ist eine solche Stiftung von Visionen, diese für ein Gemeinwesen essenzielle Funktion kaum zu erwarten. Die SPD benutzte Carlo Schmid auch als Galionsfigur, schickte ihn landauf und landab zu Diskussionsrunden, Parteiabenden, Gedenkveranstaltungen, Vorträgen. Schmid sollte zeigen, dass die Sozialdemokraten mehr zu bieten haben als dogmatische Apparatschiks, er sollte allein durch seine bloße Präsenz und Eloquenz die Regierungsfähigkeit der Partei unter Beweis stellen. Denn: Er war von Herkunft und Habitus prä-

---

[294] Vitzthum, Wolfgang Graf: Der Dichter und der Staat, Zum Aufeinander-Angewiesensein von Politik und Literatur in Deutschland Dichter und Staat, Über Geist und Macht in Deutschland, Eine Disputation zwischen Walter Jens und Wolfang Graf Vitzthum, Berlin/ New York 1991, S. 5-49, S. 14f, 27.

destiniert, dem „[...] Bürgertum die Gänsehaut vor der Sozialdemokratie zu nehmen [...]"²⁹⁵.

Daneben schien auch in die Partei Bewegung zu geraten, der Kreis der reformwilligen Sozialdemokraten erweiterte sich.²⁹⁶ Eine Organisationsreform konnte 1958 endlich auf den Weg gebracht werden. Die Institution des geschäftsführenden Parteivorstands – Sinnbild der sozialdemokratischen Traditionskompanie – wurde auf dem Stuttgarter Parteitag abgeschafft. Ein aus der Mitte des Parteivorstandes gewähltes elfköpfiges Präsidium trat an die Stelle der besoldeten Parteisekretäre.

Das Erstaunliche daran war, dass bisherige besoldete Mitglieder wie Herta Gotthelf, Franz Neumann oder Fritz Heine nicht mehr in den Vorstand und somit auch nicht in das Präsidium gewählt wurden, sondern Bundestagsabgeordnete wie Erler, Deist, Schoettle, Schanzenbach, Wehner und eben Carlo Schmid. Somit ging die politische Führung der Partei de facto auf die Reformer der Bundestagsfraktion über.²⁹⁷ Um nicht vieles anders, aber einiges besser zu machen, teilten sich die Präsidiumsmitglieder die vielfältigen Aufgaben der Parteiführung untereinander auf. Jeder bekam einen Arbeitsbereich: Erwin Schoettle beispielsweise war für die Finanzpolitik, Kommunales und Wohnungsbau zuständig, Waldemar von Knoeringen kümmerte sich um Kultur, Länderpolitik und Propaganda, Herbert Wehner nahm sich den Themen Organisation, Presse, Rundfunk, Fernsehen, Betriebsgruppen, Sport, Vertriebenenpolitik und Referentenvermittlung an.²⁹⁸

Nur Carlo Schmid fungierte als Präsidiumsmitglied ohne ein eigenes Ressort. Weder die Kultur- noch die Außenpolitik – eigentlich seine Domänen – vertraute man ihm an. Er war der einzige ohne einen selbstständigen Arbeitsbereich, worin sich zum einen die fortbestehende Distanz zwischen seiner Partei und ihm niederschlug und zum anderen die Absicht, dass er der Repräsentant für alles und jeden bleiben sollte. Wahrscheinlich war es aber auch besser, Carlo Schmid kein eigenes Betätigungsfeld zu überlassen. Denn schon

---

[295] Wolfrum: Französische Besatzungspolitik und deutsche Sozialdemokratie, S. 119.
[296] Walter: Die SPD, S. 147.
[297] Lösche/ Walter: Die SPD, S. 188f.
[298] Renger: Ein politisches Leben, S. 173.

bald schwänzte er nicht nur die Sitzungen der neu gebildeten Programmkommission, sondern auch die Treffen des Präsidiums. Carlo Schmid hatte hochtrabende Pläne mit dem neuen Programm gehabt: Ihm schwebte vor, eine neue Sozialphilosophie zu entwickeln, statt eine Überarbeitung des vorhandenen Entwurfs anzustreben.[299] Doch als er feststellen musste, dass die Genossen lediglich Teile seiner seit 1946 erhobenen Forderungen zu übernehmen bereit waren, erlahmte seine Motivation zur Mitarbeit. Obwohl er sich später selbst gern als Vater des Godesberger Programms stilisierte, trug er doch kein Komma zu diesem bei.

Dennoch befand sich Schmid zunächst weiter im Aufwind. Fritz Erler, Herbert Wehner und Carlo Schmid – gewissermaßen als Trittbrettfahrer der Programmreformer – setzten sich gegen den Willen Erich Ollenhauers durch und zwangen sich dem Partei- und Fraktionsvorsitzenden als gleichberechtigte Stellvertreter im Bundestag auf. Fortan war das Trio Erler, Wehner und Schmid als das »Frühstückskartell« bekannt. In regelmäßigen Zusammenkünften zur ersten Mahlzeit des Tages diskutierten die drei bezüglich ihrer sozialen Herkunft, ihrem Naturell und ihren programmatischen Grundideen höchst verschiedenen Männer über eine gemeinsame Linie in der Fraktion und der Partei,[300] wobei sie das gemeinsame Ziel einte, die SPD aus der politischen Sackgasse herauszuführen und organisatorische Unzulänglichkeiten zu überwinden.[301]

Schmid stand auf dem Zenit seiner politischen Karriere. Als 1959 ein neuer Bundespräsident gefunden werden musste, war es fast selbstverständlich, dass die Sozialdemokratie ihn als Kandidaten aufstellte. Er war, aufgrund seiner Popularität und seiner bürgerlichen Affinitäten, der aussichtsreichste Sozialdemokrat für diese repräsentative Aufgabe. Seine Lust am Präsidieren, seine Hochschätzung der symbolischen Politik,[302] seine Gelehrsamkeit, aber

---

[299] Weber: Carlo Schmid 1896–1979, S. 576.
[300] Soell: Fritz Erler, S. 300.
[301] Klotzbach: Der Weg zur Staatspartei, S. 403.
[302] Es drängt sich durchaus der Eindruck auf, Symbolik sei für Schmid mitunter wichtiger gewesen als die Realpolitik. So achtete er beispielsweise bei Empfängen von Staatsgästen peinlichst genau auf die Einhaltung des Protokolls, dass er – als Vizepräsident des Bundestages

auch die ihm im In- und Ausland entgegengebrachte Verehrung prädestinierten ihn geradezu für das höchste Staatsamt der Bundesrepublik. Und sicherlich wäre er ein ausgezeichneter Bundespräsident geworden – wenn dieser statt von der Bundesversammlung vom Volk gewählt werden würde. So aber war er aufgrund der Machtverhältnisse in der Bundesversammlung gegen den schwachen Kandidaten der Union, Heinrich Lübke, von vornherein chancenlos. Letztendlich aber war die SPD vermutlich sogar froh, dass ihr eigener unberechenbarer „Paradiesvogel, bildungsprunkender, anspruchsvoller Individualist und Genußbürger" mit zweifelhaften familiären Verhältnissen doch nicht gewählt wurde.[303]

Von der sicheren Warte des Rückblicks aus erscheint es auch ganz so, als hätten die Genossen ihren Carlo nur als Bundespräsidentschaftskandidaten aufgestellt, damit Öffentlichkeit und Medien endlich aufhörten, über einen Schattenkanzler namens Schmid zu debattieren. Dieses zwischen 1957 und 1959 immer wieder kursierende Gerücht war aber nie mehr als ein Hirngespinst. So schrieben bereits 1957 einige Zeitungen, Schmids Rolle im neu konstituierten Fraktionsvorstand sei nur die eines unentbehrlichen Symboles für die Partei, einer faszinierenden, massenwirksamen Persönlichkeit. Auch wurde darauf spekuliert, dass sich, so früh ins Gespräch gebracht, rechtzeitig vor der nächsten Bundestagswahl sein Name abnutzen würde und in der Fraktionsführung seine gouvernementalen Schwächen zutage träten.[304]

Tatsächlich hatte Schmid im Zweikampf mit Willy Brandt um die Kanzlerkandidatur bald schon schlechte Karten. Denn jetzt mehrten sich die Spekulationen in der Presse, ob er – im Gegensatz zu dem Jugendlichkeit ausstrahlenden Berliner Bürgermeister – physisch die Strapazen eines Wahlkampfs überhaupt durchstehen könne. Diese Verdächtigungen waren natürlich nicht völlig aus der Luft gegriffen, denn Schmid hatte 1956 auf einer Reise nach Bangkok einen schweren Schlaganfall erlitten, der eine langwierige Rekonvaleszenz nach sich gezogen und deutlich sichtbare Spuren hinterlassen hatte. Schmid wirkte, als er sich nach langer Zeit erstmals wieder in der Öffentlich-

---

den zweithöchsten Rang des Staates bekleidend – den Gästen vor Adenauer die Hand schüttelte. Vgl. Weber: Carlo Schmid 1896-1979, S. 419, 392.
[303] Baring, Arnulf: Machtwechsel, Die Ära Brandt-Scheel, Berlin 1998, S. 22.
[304] o.A.: Zunehmende Reformbestrebungen in der SPD, in: Süddeutsche Zeitung, 2./ 3. 11.1957.

keit zeigte, deutlich abgemagert und um Jahre gealtert. Er galt am Ende der 1950er Jahre nicht gerade als einer der belastbarsten Politiker Bonns.[305]

Zeitgleich wuchs das Ansehen Brandts mit der Zuspitzung der Berlinkrise. Statt Carlo Schmids war nun der telegene Willy Brandt das Lieblingskind der Reporter. Der untersetzte Bildungsbürger Schmid mit dem zerfurchten Gesicht konnte in der sich wandelnden Medienlandschaft nicht mehr reüssieren. Für das Fernsehen waren seine Reden zu lang, seine Sätze zu unverständlich, sein Pathos zu ölig und seine Erhabenheit zu dünkelhaft. Außerdem wirkten sich seine zahlreichen ausländischen Verpflichtungen, seine ständige Abwesenheit, manchmal seine zum Teil monatelang während Flucht in sein winziges, mit Gartenzwergen vollgestopftes Haus in Südfrankreich nicht förderlich auf seine Kanzlerkandidatur aus.

Letztendlich ahnte Schmid wohl auch, dass sich Wehner – der eigentlich mächtige Mann der Partei in diesen Jahren – bereits für Willy Brandt entschieden hatte, da dessen Aufstellung die größeren Erfolgsaussichten für die SPD bot. Carlo Schmid wusste, dass sich keine sozialdemokratischen Brigaden für seine Kandidatur einsetzen würden und so sprach er sich schließlich, nachdem sich bereits auf der Präsidiumssitzung im Sommer 1960 Willy Brandt als Kanzlerkandidat der SPD herauskristallisiert hatte,[306] schweren Herzens auf dem Parteitag in Hannover für die Kandidatur des Jüngeren aus.

*4.2.6 Bildungsbürger waren nicht mehr gefragt*

Carlo Schmid hatte nie eine realistische Chance auf einen Einzug in die Villa Hammerschmidt und war auch nicht ernsthaft als Favorit für einen sozialdemokratischen Kanzlerkandidaten im Spiel – dennoch hinterließen die Spekulationen, Bonner Flüstereien und die darauf folgenden Herabwürdigungen bleibende seelische Verletzungen und Frustrationen bei dem politisierenden Homme de Lettres. Weil er diese Bedrückungen eigentlich nicht ertragen konnte, wollte er sich ihnen auch kaum freiwillig aussetzen. Auch deshalb kämpfte er nie um ein Amt, ließ sich bitten, stellte sich zur Verfügung, wenn

---

[305] o.A.: Nachtgespräch mit Carlo Schmid, in: Abendpost, 28./29.11.1959.
[306] Meyer: Herbert Wehner, S. 237f.

die Partei ihn brauchte.[307] Doch mit dieser Einstellung kann man kein erfolgreicher Politiker sein, können keine großen Ämter erobert werden. Und: Der angelernte Sozialdemokrat hatte seine Funktion in dem Moment, wo die SPD die Organisationsreform vollzogen und das neue Grundsatzprogramm verabschiedet hatte, erfüllt. Schmids Forderungen nach einer Öffnung der Partei für alle gesellschaftlichen Schichten, nach einem Verzicht auf marxistische Dogmatik und antiquierte Symbolik, mit denen er zwanzig Jahre dem traditionsreichen Apparat zugesetzt hatte, waren weitgehend umgesetzt.

Zusätzlich wurde er in seiner Funktion als »Zugpferd für das Bürgertum« seit den 1960er Jahren von Karl Schiller abgelöst.[308] Nicht Carlo Schmid war der Kontaktmann der Sozialdemokratie zu Künstlern und Intellektuellen, sondern Schiller. Nicht mehr der ewig dozierende Carlo Schmid war der Starredner des Parlaments, sondern – abermals – Schiller. Schmid spielte einfach keine Rolle mehr beim Wettbewerb um die Position des intellektuellen sozialdemokratischen Chefdenkers.[309]

Doch dies waren nicht die einzigen Ursachen für die entgangenen Spitzenposten Bundespräsident und Kanzlerkandidat sowie der nun folgende politische Abstieg. Auch weil er nicht in der Lage war,[310] ein eigenes Politikfeld zu besetzen, blieb ihm, der im Wahlkampf 1961 noch als Außenminister des Brandtschen Schattenkabinetts im Gespräch war , 1965 nur noch die Zuständigkeit für kulturelle Angelegenheiten.[311] Als die Sozialdemokraten endlich Regierungsverantwortung übernehmen durften, bekam er, der sich immer noch für unersetzlich hielt,[312] wenige Tage vor seinem siebzigsten Geburtstag schließlich bloß das Bundesministerium für Angelegenheiten des Bundesrates.

---

[307] Leber, Georg: Carlo Schmid - ein Demokrat und Patriot, in: Friedrich-Ebert-Stiftung (Hg.): Europa und die Macht des Geistes, Gedanken über Carlo Schmid (1896-1979), Bonn 1997, S.191-202, S. 199.

[308] Vielleicht war Schmid die Dichterkritik bei Platon in Bezug auf die griechische Gesellschaft zu präsent, um Künstler und Dichter überzeugend für die politische Arbeit gewinnen zu können.

[309] Vgl. Lütjen: Karl Schiller (1911 - 1994), S. 205.

[310] Gong, Walter: Momentaufnahme im Wahljahr, Carlo Schmid der elegante Fechter, in: Die Zeit, 28.07.1961.

[311] Merseburger, Peter: Willy Brandt 1913-1992, München 2004, S. 472.

[312] Ihlefeld, Heli: Die Nächte sind lang und ich schlafe schlecht, in: Münchener Abendzeitung, 03.12.1966.

Mit diesem Ministerium entledigten sich die Sozialdemokraten gleich mehrerer Probleme: Erstens belohnten sie ihren Carlo Schmid für sein jahrzehntelanges Engagement in der Partei. Die SPD hätte sich nicht um ein Ministerium für Schmid drücken können, denn seine Anhänger quer durch das Volk wollten nun „ihren Carlo" im Kabinett sehen.[313] Zweitens banden sie ihn dadurch gleichzeitig in die Kabinettsdisziplin ein. Er musste sich als Bundesminister verstärkt an die Marschroute des Fraktionsvorsitzenden Fritz Erler beziehungsweise Helmut Schmidt und des Parteivorsitzenden Willy Brandts halten, Stänkereien oder öffentliche Polemiken durfte er sich als Regierungsmitglied nicht mehr erlauben. Carlo Schmid konnte nicht mehr viel Schaden anrichten, auch nicht mit seinem Ministerium, das lediglich über fünfzig Mitarbeiter verfügte und nur einen kleinen Verwaltungsetat besaß. Der Aufgabenbereich des Bundesministers für Angelegenheiten des Bundesrates war wenig spektakulär. Er sollte dem föderativen Charakter des Grundgesetzes Geltung verschaffen und die Bereitschaft für die Zusammenarbeit von Bund und Ländern vertiefen. Seine größte Aufgabe als Minister war die Vermittlung in der Finanzverfassungsreform. Schmid verfügte kaum über die Autorität und den finanzpolitischen Sachverstand, um konstruktiv zur Problemlösung beizutragen,[314] lediglich seinem beständigen Ringen um Verständigung und Kompromiss war es zu verdanken, dass die Diskussionen sachlich und effektiv verliefen. Es war schon seltsam, wenn der einstig anerkannte Völkerrechtler und Jurist am Kabinettstisch versuchte, den Bundeskanzler Kurt Georg Kiesinger mit Kenntnissen von Platon oder Descartes zu übertrumpfen oder sich bemühte, mit Anspielungen und Zitaten zu brillieren, während sonst die Kabinettsberatung von Juristen dominiert wurde, die sich einer gemeinsamen Sprache bedienten und auf bekannte Termini zurückgreifen konnten.[315] Obwohl Carlo Schmid ebenfalls – sogar professoraler – Jurist war, blieb seine Rolle auf die philosophischen Höhenflüge beschränkt. So ging er dann auch 1969 bei der Ämterverteilung der neu gebildeten sozialliberalen Koalition leer aus.

---

[313] Gropper, Wolfgang von: Carlo Schmid 70 Jahre in: Mannheimer Morgen, 21.12.1966.
[314] Merseburger: Willy Brandt 1913-1992, S. 499.; Schönhoven, Klaus: Wendejahre, Die Sozialdemokratie in der Zeit der Großen Koalition 1966-1969, Bonn 2004, S. 171.
[315] Vitzthum: Der Dichter und der Staat, S. 7.

Am Ende passte Carlo Schmid immer weniger in die gewandelte Sozialdemokratie und das sich anbahnende technokratische Zeitalter. Um in Zukunft ohne die Christdemokraten regieren zu können, musste die SPD dynamischer, unverbrauchter und moderner erscheinen als die CDU. Wirtschaftspolitische Experten, Fachleute und Männer, die zupacken konnten – Karl Schiller, Helmut Schmidt, Willy Brandt – standen für dieses Programm. Der in der Literatur des 19. Jahrhunderts und den Politikbegriffen der Antike verhaftete Schöngeist Carlo Schmid war nichts von alledem. Der Zeitgeist wandelte sich rapide. Überkommene Einstellungen, Mentalitäten und Werte machten einem neuen Denken Platz. Eine zahlenstarke junge Kohorte meldete sich kraftvoll, laut und ungebärdig zu Wort. In der Wissenschaft vollzog sich eine Schwerpunktverlagerung von den Geistes- zu den Naturwissenschaften und im politischen Bereich wurden Begriffe wie „Steuerung" und „Planung" zu Leitvokabeln. Kurzum: Die Generation Schmids stand vor dem Abtritt, die Zeit war über sie hinweggegangen.

# 5 Zusammenfassung und Schlussfolgerung

Nachdem Hedwig Wachenheim und Carlo Schmid zu völlig unterschiedlichen Zeitpunkten der Sozialdemokratie beigetreten waren, lassen sich ihre Assimilations- und Integrationsstrategien exemplarisch an ihren Lebenswegen nachvollziehen. Zunächst ist auffällig, dass beide, sowohl Wachenheim als auch Schmid, nachträglich die Ursachen für ihren Parteibeitritt in ihren Memoiren und Erinnerungen umdeuteten: für sie war das Leben vor der Mitarbeit in der Partei nutzlos und sinnentleert; er sah plötzlich seine durch jahrelange politische Untätigkeit auf sich geladene Schuld und wollte diese durch Engagement in der SPD wieder gut machen. Diese beschönigenden Umdeutungen ihrer Beitrittsmotive zeigen auch, dass sich beide ihrer Grenzüberschreitung durch ihren Beitritt der Arbeiterpartei als Bürgerliche bewusst waren. Im Grunde beanspruchten sie, Schmid mehr als Wachenheim, auch für diese Grenzüberschreitung entlohnt zu werden. Für die Opfer die sie in der Arbeiterpartei brachten, nahmen sie sich zum Teil einen moralischen Überlegenheits- und Führungsanspruch heraus. Auf der anderen Seite kann die Ausdeutung ihres Parteibeitritts auch als Rechtfertigungsstrategie vor sich selbst und vor den Genossen interpretiert werden. Sie hatten anscheinend immer das Gefühl, sich sozusagen für ihre Anwesenheit in der ihnen eigentlich fremden Lebenswelt entschuldigen zu müssen.

Schon diese Verteidigungsstrategie offenbart, dass Wachenheim und Schmid, trotz mehr oder weniger intensiver Bemühungen, doch immer fremd in der Partei blieben. Dies mag auch daran gelegen haben, dass sie ihre bürgerlichen Lebensweisen auch als Genossen kaum ablegten oder versteckten. Sie ließen sich weiterhin den Haushalt führen, beziehungsweise leisteten sich „eine gute Seele", die sie bei den täglichen Routinen unterstützte. Sie gingen beide weiterhin auf ausgedehnte Reisen – vor allem wenn der Druck zu hoch wurde. Wachenheim reiste nach Triest, während sich Schmid in sein französisches Ferienhaus zurückzog. Carlo Schmid und Hedwig Wachenheim machten aus ihrer Liebe zum guten Essen und Trinken kein Geheimnis, hielten wenig von Sparsamkeit und kümmerten sich kaum um die Tuscheleien der Parteifreunde.

Dennoch gab es auch in dieser Hinsicht Unterschiede zwischen Hedwig Wachenheim und Carlo Schmid, die man auf die Formel bringen könnte, dass Wachenheim einen Platz in der Partei trotz ihrer Bürgerlichkeit fand, während Schmid als Bürgerlicher in der SPD seine Rolle übernahm. Daran lässt sich auch eine Veränderung der Sozialdemokratie innerhalb der dreißig Jahre deutlich erkennen. Carlo Schmid half in den ersten zwanzig Jahren der bundesrepublikanischen SPD, als Bürgerlicher und Katholik der Partei neue Wählerschichten zu erschließen. Er erweiterte mit seiner Präsenz das personelle Spektrum der Partei erheblich. Daher sah Schmid, im Gegensatz zu Wachenheim, auch keinen Anlass, seine „Andersartigkeit" kritisch zu hinterfragen. Wachenheim hingegen machte sich Gedanken darüber, ob ihre Lebensweise im Widerspruch zu ihrer politischen Tätigkeit stand oder versuchte, Ratschläge bezüglich ihrer Vortragsweise und Zeitungsartikel zu berücksichtigen. Carlo Schmid wiederum war in dieser Beziehung gänzlich beratungsresistent und uneinsichtig. Dies schuf für ihn mehr Probleme, während Wachenheim durch ihre Aufgeschlossenheit einigen Verwicklungen aus dem Weg gehen konnte.

Doch auch die Förderer und Unterstützer, die die Bürgerlichen um die Klippen innerhalb der Arbeiterpartei zu begleiten versuchten, wirkten sich unterschiedlich in beiden Lebensläufen aus. So hatte Wachenheim in Ludwig Frank zwar einen frühen Förderer, doch war sie nach dessen Tod völlig auf sich allein zurückgefallen. Sie musste mit teilweise weniger prominenten Fürsprechern vorlieb nehmen und sah sich gezwungen, in mehrere Richtungen Kontakte und politische Freundschaften aufrecht zu erhalten. So gelang es ihr auch, durch die Vermittlung von Sozialdemokraten immer wieder eine neue Anstellung zu finden. Carlo Schmid hingegen bahnte sich unabhängig und selbstbewusst den Weg an die Parteispitze. Als dann hier ziemlich eindeutig seine Flügel von der Parteiführung gestutzt wurden, blieb er ausschließlich auf sich gestellt und verstand es im Laufe der Jahre nicht, ein Netzwerk politischer Freunde aufzubauen. Vielleicht fiel Wachenheim diese Anpassung auch deshalb leichter, weil sie im Gegensatz zu Schmid, an ihrem Lebensanfang stand und noch bereit war, dazu zu lernen und auch von der Partei zu lernen sowie sich durch eine ernsthafte Arbeit im Ortsverein und mehreren zum Teil erfolglosen Kandidaturen nach oben arbeiten zu müssen. Ja, Hedwig Wachenheim absolvierte beinahe die Ochsentour innerhalb der Partei. Carlo Schmid hingegen bot bereits als europaweit bekannter Star seine Mitarbeit in der SPD an und stieg sogleich in höchste Ämter ein. Darüber hinaus fand Hedwig Wachenheim schließlich ihren Beruf in einer Vorfeldorganisation der Arbeiterpartei. Sie wirkte in der Arbeiterwohlfahrt viele Jahre im Dienst der Partei, während Carlo Schmid neben seinem Bundestagsmandat immer Professor blieb, gleichzeitig an seiner universitären Karriere arbeitete und seine Freizeit lieber mit Übersetzungsarbeiten und Gedichten verbrachte, als Sitzungen der Partei zu besuchen. Insofern kann Wachenheim durchaus als ein Mitglied der Solidargemeinschaft bezeichnet werden, das von der netzwerkartigen Unterstützung der Gemeinschaft profitierte. Sie durchlebte in ihrer Tätigkeit für die Arbeiterwohlfahrt vergleichbare politische Erfahrungen wie ihre Genossen. Carlo Schmid hingegen blieb bis zum Ende seines Lebens ein Paria in der SPD. Er haderte mit seiner Partei und dem Dasein des homo politicus, konnte nur dort seine Kraft einsetzten und erfolgreich sein, wo ihm Handlungsspielraum und Gestaltungsfreiheit gewiss, die Strukturen offen waren. Ihm lag weder die Arbeit im Wahlkreis noch der Kontakt mit den „einfachen Genossen".

Hinzu kommt, dass es Wachenheim gelang – im Gegensatz zu Schmid – mit einigen Gleichgesinnten zusammenzuarbeiten. Hier allerdings treffen sich beide wieder: Indem Schmid die SPD für „Bürgerliche" wählbar machte und Wacheheim für eine pragmatische Koalitionsarbeit im preußischen Landtag stand, halfen sie der Sozialdemokratie aus ihrer Isolation, unterstützten ihre Bemühungen über ihre eigentlichen Milieugrenzen hinaus. Dies gelang den beiden allerdings nur, da sie zu einer Zeit in der Partei wirkten, in denen diese durch äußere Brüche, in diesem Fall die beiden Weltkriege, auch offen war für neuartige Mitglieder. Als sich die Partei dann erneut veränderte, wurden die Bürgerlichen nicht mehr gebraucht. So ist es auch kein Zufall, dass für den einen das parteipolitische Engagement begann, während es für die andere endete. Die SPD nach 1945 war Wachenheim völlig fremd. Ihre Vorstellungen von der Fürsorgearbeit passten wenig mit dem Aufbau des Sozialstaates zusammen und auch für Schmid war in der gewandelten Partei der siebziger Jahre kein Platz mehr. Das Fremdartige brach nach der Erfüllung ihrer Aufgaben deutlich auf. Die bürgerlichen „Überläufer" hatten ihre Funktion erfüllt.

# Dank

Dieses Buch erscheint als überarbeitete Fassung meiner Magisterarbeit, die am 18.12.2008 an der Sozialwissenschaftlichen Fakultät der Georg-August-Universität Göttingen eingereicht wurde.

Zu Beginn meines Studiums wurde mir empfohlen, zu Professor Walter zu gehen, dort würde ich »Schreiben lernen«. Ob mir dies in Ansätzen gelungen ist, mögen andere beurteilen, jedoch war es für mich ein außerordentliches Glück, den Großteil meines Studiums unter der fachlichen Anleitung von Franz Walter absolvieren zu können. Ihm verdanke ich aus vielen Seminaren und Gesprächen immer wieder äußerst kluge Gedanken und neue Anregungen über beispielsweise beinahe vergessene Persönlichkeiten wie Hedwig Wachenheim. Die Arbeit konnte stets in einer sachlich produktiven und menschlich angenehmen Atmosphäre der AG Parteienforschung, nun Institut für Demokratieforschung gedeihen. Große Freude bereiten mir unsere bei Rotwein zuweilen bis in die späte Nacht ausgedehnten Sitzungen.

Besonderen Dank schulde ich auch zwei Freunden, Matthias Micus und Felix Butzlaff, die mir über Monate hinweg in kontinuierlichen Gesprächen über Wachenheim und Schmid gefolgt sind, die sich vor allem die Mühe unterzogen haben, einzelne Teile der Arbeit immer wieder zu studieren und sie durch weiterführende Hinweise zu verbessern. Danken möchte ich auch Bonnie Pülm, die das Manuskript abschließend Korrektur gelesen hat.

Darüber hinaus möchte ich dem Friedrich-Ebert-Archiv in Bonn danken, dessen Mitarbeiter mir Hilfestellung bei der Erschließung der Nachlässe leisteten und mir geduldig Antwort auf meine Fragen gaben.

Danken möchte ich auch meinen Eltern, die mein Studium begleitet und unterstützt haben. An erster und letzter Stelle schulde ich den größten Dank Robert, der mich kulinarisch verwöhnt, meine Launen erträgt und sich in all der Zeit liebevoll um unsere Tochter Pamina Viktoria kümmert.

# Anhang

**Abkürzungsverzeichnis**

| | |
|---|---|
| AdsD | Archiv der sozialen Demokratie Bonn |
| NL Wachenheim | Nachlass Hedwig Wachenheim im Archiv der sozialen Demokratie Bonn |
| NLCS | Nachlass Carlo Schmid im Archiv der sozialen Demokratie Bonn |

# Quellen- und Literaturverzeichnis

*Nachlass Wachenheim und Schmid*

Der Nachlass von Hedwig Wachenheim und Carlo Schmid befindet sich im Archiv der sozialen Demokratie in Bonn. Der Nachlass Wachenheims besteht aus zwei Teilen: Vier Mappen, die mit „Manuskripte I-IV" beschriftet sind und ein Teilnachlass, von der Historischen Kommission zu Berlin überlassen aus 31 durchnummerierten Mappen. Größtenteils sind die meist losen Blätter paginiert. Die Zählung wurde dann übernommen. Der Nachlass enthält Korrespondenz aus der Zeit nach 1945, maschinengeschriebene Texte, die Wachenheim während des Zweiten Weltkrieges anfertigte, einige Zeitungsartikel von und über Wachenheim, Rezensionen, aber vor allem Manuskripte ihres Buches über die deutsche Arbeiterbewegung und hand- sowie maschinenschriftliche Ausarbeitungen der Memoiren. Eine Ausnahme bildet die Mappe Nr. 22, die einen Teilnachlass von Ludwig Frank beinhaltet.

Der sehr umfangreiche Nachlass von Carlo Schmid umfasst ca. 2066 Mappen. Der größte Teil der Archivalien entstand nach 1945. Die Mappen beinhalten Zeitungsartikel, Zuschriften, Artikel und Redeabschriften. Allein seine Korrespondenz mit Mitgliedern des Parteivorstandes, seines Wahlkreises oder Bekanntschaften umfassen 41 Mappen. Außerdem befinden sich im Nachlass Akten aus seiner Tätigkeit im Präsidium, Bundestag und als Bundesminister.

*Gedruckte Quellen*

Grebing, Helga (Hg.): Entscheidung für die SPD, Briefe und Aufzeichnungen linker Sozialisten 1944-1948, München 1984.

Protokoll der Verhandlungen des Parteitages der Sozialdemokratischen Partei Deutschlands vom 21. bis 25. Mai 1950 in Hamburg, Frankfurt am Main o. J.

Protokoll der Verhandlungen des Parteitages der Sozialdemokratischen Partei Deutschlands vom 29. Juni bis 2. Juli 1947 in Nürnberg, Unveränderter Nachdruck der Ausgabe Hamburg 1948, Bonn 1976.

Protokoll über die Verhandlungen des Parteitages der Sozialdemokratischen Partei Deutschlands, abgehalten in Görlitz vom 18. bis 24. September 1921, Reichsfrauentag der Sozialdemokratischen Partei Deutschlands am 17. und 18. September 1921 in Görlitz, Berlin, Bonn, Bad Godesberg, unveränderter Nachdruck der Ausgabe Berlin 1917 [sic!] 1971.

Protokoll über die Verhandlungen des Parteitages der Sozialdemokratischen Partei Deutschlands, abgehalten in Kassel vom 10. bis 16. Oktober 1920, Bericht über die Frauenkonferenz, abgehalten in Kassel am 9. und 10. Oktober, Berlin 1920.

Raberg, Frank (Hg.): Die Protokolle der Regierung von Württemberg-Hohenzollern, Erster Band, Das Erste und Zweite Staatssekretariat Schmid 1945-1947, Stuttgart 2004.

Sozialdemokratischer Parteitag 1924, Protokoll mit dem Bericht über die Frauenkonferenz, Berlin, Bonn, Bad Godesberg, unveränderter Nachdruck der Ausgabe Berlin 1924, 1974.

Sozialdemokratischer Parteitag 1927 in Kiel, 22. bis 27. Mai, Protokoll mit dem Bericht über die Frauenkonferenz 27. bis 29. Mai, Berlin 1927.

# Quellen- und Literaturverzeichnis

*Literaturverzeichnis*

*Zeitungsaufsätze*

Carlo Schmid: "Da wollte Chruschtschow die Konferenz abbrechen...", in: Bild am Sonntag, 09.01.1972.

Gong, Walter: Momentaufnahme im Wahljahr, Carlo Schmid der elegante Fechter, in: Die Zeit, 28.07.1961.

Gropper, Wolfgang von: Carlo Schmid 70 Jahre in: Mannheimer Morgen, 21.12.1966.

Ihlefeld, Heli: Die Nächte sind lang und ich schlafe schlecht, in: Münchener Abendzeitung, 03.12.1966.

o.A.: Die Chiemseer Tagung, in: Rheinzeitung, 28.08.1948.

——: Zunehmende Reformbestrebungen in der SPD, in: Süddeutsche Zeitung, 2./ 3. 11.1957.

——: Nachtgespräch mit Carlo Schmid, in: Abendpost, 28./ 29.11.1959.

Schmid, Carlo: Darum bin ich in der SPD, in: Vorwärts, 7.12.1956.

Stampfer, Friedrich: Ludwig Frank, der Politiker, in: Mannheimer Volksstimme, 11.09.1914.

Wachenheim, Hedwig: Sozialistischer Kulturbund, in: Arbeiterwohlfahrt 1 (1926) 2, S. 57.

——: Reichstags- und Landtagswahlen und die Wohlfahrtspflege, in: Arbeiterwohlfahrt 3 (1928) 9, S. 257-262.

——: Vorschläge zur Schulung unserer Mitarbeiter Winter 1928/29, in: Arbeiterwohlfahrt 3 (1928) 18, S. 563-567.

——: Zensur?Ja! – Zensur?Nein!, In eigener Sache, in: Arbeiterwohlfahrt 4 (1929) 22, S. 689-691.

——: Apparat in der Fürsorge? – Rechtsanspruch?, in: Arbeiterwohlfahrt 6 (1931) 7, S. 197-200.

——: Einfluß von Politik und Wirtschaft auf die Wohlfahrtspflege Neujahr 1931, in: Arbeiterwohlfahrt 6 (1931) 1, S. 1-7.

——: Woher kommt die Verschärfung der Wirtschaftskrise in diesem Winter?, in: Arbeiterwohlfahrt 6 (1931) 7, S. 203.

——: Ludwig Frank, in: Mannheimer Hefte (1964) 2, S. 28-40.

*Internetressourcen*

Das Lichtspielwesen nach dem Lichtspielgesetzt vom 12.05.1920, www.kinematographie.de/LSG1934.HTM (eingesehen am 20.10.2008).

o.T., www.dhm.de/lemohtml/beografien/Landsberg_Otto/indes.html (eingesehen am 08.09.2008).

Schwind, Robert: Hedwig Wachenheim, eine biographische Skizze, www.diehedwig.org/meine_Bilder_und_Datein/Hedwig_Wachenheim_biographische_Skizze_pdf (eingesehen am 22.08.2008).

Szenczi, Denisza: Soziale Identität im deutschen Bürgertum des 19. Jahrhunderts, in: Trans - Internetzeitschrift für Kulturwissenschaft (2004) 14, www.inst.at/trans/15Nr/05_13/ szenczi15.htm (eingesehen am 08.07.2008).

*Monographien und Aufsätze*

Albrecht, Willy (Hg.): Die SPD unter Kurt Schumacher und Erich Ollenhauer 1946 bis 1963, Sitzungsprotokolle der Spitzengremien, Band I 1946 bis 1948, Bonn 1999.

Alemann, Ulrich von/ Cepl-Kaufmann, Gertrude/ Hecker, Hans u.a. (Hg.): Intellektuelle und Sozialdemokratie, Opladen 2000.

Altena, Bert: Bürger in der Sozialdemokratie, ihre Bedeutung für die Entwicklung der Sozialdemokratischen Arbeiterpartei SDAP in den Niederlanden 1894-1914, in: Geschichte und Gesellschaft 20 (1994), S. 533-548.

Altendorf, Hans: SPD und Parlamentarischer Rat, Exemplarische Berichte der Verfassungsdiskussion, in: Zeitschrift für Parlamentsfragen 10 (1979) 3, S. 405-420.

Appelius, Stefan: Heine, Die SPD und der lange Weg zur Macht, Essen 1999.

Auerbach, Hellmuth: Die politischen Anfänge Carlo Schmids, Konfrontation mit der französischen Besatzungsmacht 1945-1948, in: Zeitschrift für Geschichtswissenschaft 26 (1988), S. 595-648.

——: Carlo Schmid und die französische Besatzungsmacht, in: Taddey, Gerhard (Hg.): Carlo Schmid, Mitgestalter der Nachkriegsentwicklung im deutschen Südwesten, Symposium anläßlich seines 100. Geburtstags am 7. Dezember 1996 in Mannheim, Stuttgart 1997, S. 32-42.

Baring, Arnulf: Machtwechsel, Die Ära Brandt-Scheel, Berlin 1998.

Bauer, Franz J.: Bürgerwege und Bürgerwelten, Familienbiographische Untersuchungen zum deutschen Bürgertum im 19. Jahrhundert, Göttingen 1991.

Bayer, Tilde: Minderheiten im städtischen Raum, Sozialgeschichte der Juden in Mannheim während der 1. Hälfte des 19. Jahrhunderts, Stuttgart 2001.

Beetham, David: Reformism and the 'Bourgeoisifications' of the Labour Movement, in: Levy, Carl (Hg.): Socialism and the Intelligentsia 1880-1914, London/ New York 1987, S. 106-134.

Beise, Marc: Carlo Schmid als Vorbild, Zur Einheit von Geist, Recht und Politik, in: Kilian, Michael (Hg.): Dichter, Denker und der Staat, Essays zu einer Beziehung ganz eigener Art, Tübingen 1993, S. 91-125.

Bourdieu, Pierre: Die feinen Unterschiede, Kritik der gesellschaftlichen Urteilskraft, Frankfurt am Main 1987.

Braun, Lily: Memoiren einer Sozialisten Bd. 1, Lehrjahre, 51. Aufl., München 1922.

Budde, Gunilla-Friederike: Auf dem Weg ins Bürgerleben, Kindheit und Erziehung in deutschen und englischen Bürgerfamilien 1840 - 1914, Göttingen 1994.

Bude, Heinz: Die individuelle Allgemeinheit des Falls, in: Franz, H.-W. (Hg.): Soziologie und gesellschaftliche Entwicklung, 22. Deutscher Soziologentag, Opladen 1985, S. 84-88.

Daum, Werner/ Rieder, Günter/ Seggern, Harm von: Fallobst und Steinschlag, Einleitende Überlegungen zum historischen Vergleich, in: Schnabel-Schüle, Helga (Hg.): Vergleichende Perspektiven Perspektiven des Vergleichs, Studien zur Geschichte von der Spätantike bis ins 20. Jahrhundert, Mainz 1998, S. 1-21.

Döcker, Ulrike: Die Ordnung der bürgerlichen Welt, Verhaltensideale und soziale Praktiken im 19. Jahrhundert, Frankfurt 1994.

Dunk, Hermann W. von der: Kulturgeschichte des 20. Jahrhunderts, Bd. 1, München 2004.

Eggemann, Maike: Alice Salomon, in: Dies./ Hering, Sabine (Hg.): Wegbereiterinnen der modernen Sozialarbeit, Texte und Biographien zur Entwicklung der Wohlfahrtspflege, Weinheim, München 1999, S. 159-182.

——/ Hering, Sabine: Vorwort, in: Dies./ Hering, Sabine (Hg.): Wegbereiterinnen der modernen Sozialarbeit, Texte und Biographien zur Entwicklung der Wohlfahrtspflege, Weinheim/ München 1999, S. 6-32.

Eifert, Christiane: Frauenpolitik und Wohlfahrtspflege, Zur Geschichte der Sozialdemokratischen "Arbeiterwohlfahrt", Frankfurt am Main/ New York 1993.

Eschenburg, Theodor: Aus den Anfängen des Landes Württemberg-Hohenzollern, in: Ders./ Heuss, Theodor/ Zinn, Georg-August unter Mitwirkung von Hennis, Wilhelm (Hg.): Festgabe für Carlo Schmid, Zum 65. Geburtstag, Dargebracht von Freunden, Schülern und Kollegen, Tübingen 1962, S. 56-80.

——: Regierung, Bürokratie und Parteien 1945-1949, Ihre Bedeutung für die politische Entwicklung der Bundesrepublik, in: Vierteljahreshefte für Zeitgeschichte 24 (1976) 1, S. 58-74.

——: Carlo Schmid und die französische Besatzungspolitik, in: Knipping, Franz/ Le Rider, Jacques unter Mitarbeit von Mayer, Karl J. (Hg.): Frankreichs Kulturpolitik in Deutschland, 1945-1950, Tübingen 1987, S. 293-300.

——: Letzten Endes meine ich doch, Erinnerungen 1933 - 1999, Berlin 2000.

Fetscher, Iring: Carlo Schmid - ein Homme de lettres in der Politik, in: Friedrich-Ebert-Stiftung (Hg.): Europa und die Macht des Geistes, Gedanken über Carlo Schmid (1896-1979), Bonn 1997, S. 86-106.

Frankenthal, Käte: Der dreifache Fluch Jüdin, Intellektuelle, Sozialistin, Lebenserinnerungen einer Ärztin in Deutschland und im Exil, Pearle, Kathleen M./ Leibfried, Stephan (Hg.), Frankfurt am Main 1981.

Frevert, Ute: Bürgerliche Meisterdenker und das Geschlechterverhältnis, Konzepte, Erfahrungen, Visionen an der Wende vom 18. zum 19. Jahrhundert, in: Frevert, Ute (Hg.): Bürgerinnen und Bürger, Geschlechterverhältnisse im 19. Jahrhundert, Göttingen 1988, S. 17-48.

Frisch, Alfred: Carlo Schmid: Ein großer Vermittler, Erinnerungen eines Zeitzeugen, in: Dokumente, Zeitschrift für den deutsch-französischen Dialog 53 (1997) 1, S. 5-6.

Fuchs, Michaela: "Wie sollen wir unsere Kinder erziehen?" Bürgerliche Kindererziehung im Spiegel der populärpädagogischen Erziehungsratgeber des 19. Jahrhunderts, Wien 1997.

Fulst, Stefan: Auf dem Weg zur Volkspartei?, Die Entwicklung der SPD in Mannheim 1955-1972, Diplomarbeit Universität Mannheim, Mannheim 1994.

Gall, Lothar: Stadt und Bürgertum im Übergang von der traditionalen zur modernen Gesellschaft, in: Gall, Lothar (Hg.): Stadt und Bürgertum im Übergang von der traditionalen zur modernen Gesellschaft, Beiheft der Historischen Zeitschrift Nr. 16, München 1993, S. 1-12.

Geisel, Alfred: Carlo Schmid, Gründer der SPD in Württemberg-Hohenzollern und seine Beziehung zur Universität Tübingen, in: Taddey, Gerhard (Hg.): Carlo Schmid, Mitgestalter der Nachkriegsentwicklung im deutschen Südwesten, Symposium anläßlich seines 100. Geburtstags am 7. Dezember 1996 in Mannheim, Stuttgart 1997, S. 21-29.

Gilcher-Holtey, Ingrid: Das Mandat des Intellektuellen, Karl Kautsky und die Sozialdemokratie, Berlin 1986.

——: Intellektuelle in der sozialistischen Arbeiterbewegung, Karl Kautsky, Heinrich Braun und Robert Michels, in: Rojahn, Jürgen (Hg.): Marxismus und Demokratie, Karl Kautskys Bedeutung in der sozialistischen Arbeiterbewegung, Frankfurt am Main 1992, S. 373-390.

Glaser, Hermann: Die Kulturgeschichte der Bundesrepublik Deutschland, Zwischen Kapitulation und Währungsreform 1945-1948, Frankfurt am Main 1990.

Gosewinkel, Dieter: Adolf Arndt, Die Wiederbegründung des Rechtsstaats aus dem Geist der Sozialdemokratie (1945-1961), Bonn 1991.

Grebing, Helga: Geschichte der deutschen Arbeiterbewegung, Ein Überblick, 11. Aufl., München 1981.

——: Jüdische Intellektuelle und ihre politische Identität in der Weimarer Republik, in: Mitteilungsblatt des Instituts für soziale Bewegung (2005) 34, S. 11-24.

Gropper, Wolfgang von: Carlo Schmid 70 Jahre in: Mannheimer Morgen, 21.12.1966.

Habermas, Rebekka: Weibliche Religiosität - oder: Von der Fragilität bürgerlicher Identitäten, in: Tenfelde, Klaus/ Wehler, Hans-Ulrich (Hg.): Wege zur Geschichte des Bürgertums, Göttingen 1994, S. 125-148.

Haltern, Utz: Bürgerliche Gesellschaft, Sozialtheoretische und sozialhistorische Aspekte, Darmstadt 1985.

Hein, Dieter/ Schulz, Andreas: Einleitung, in: Dies. (Hg.): Bürgerkultur im 19. Jahrhundert, München 1996, S. 9-16.

Hennis, Wilhelm: Carlo Schmid und die SPD, in: Haus der Geschichte der Bundesrepublik Deutschland (Hg.): Carlo Schmid und seine Politik, Bonn 1997, S. 16-26.

Hering, Sabine/ Münchmeier, Richard: Geschichte der sozialen Arbeit, Eine Einführung, Weinheim/ München 2000.

Hettling, Manfred: Die persönliche Selbstständigkeit, Der archimedische Punkt bürgerlicher Lebensführung, in: Ders./ Hoffmann, Stefan-Ludwig (Hg.): Der bürgerliche Wertehimmel, Innenansichten des 19. Jahrhunderts, Göttingen 2000, S. 57-78.

——/ Hoffmann, Stefan-Ludwig: Zur Historisierung bürgerlicher Werte, Einleitung, in: Dies. (Hg.): Der bürgerliche Wertehimmel, Innenansichten des 19. Jahrhunderts, Göttingen 2000, S. 7-25.

——/ Ulrich, Bernd (Hg.): Bürgertum nach 1945, Hamburg 2005.

Hirscher, Gerhard: Carlo Schmid und die Gründung der Bundesrepublik, Eine politische Biographie, Bochum 1986.

——: Aspekte der politischen Karriere Carlo Schmids von 1945 bis 1949, in: Knipping, Franz/ Le Rider, Jacques unter Mitarbeit von Mayer, Karl J. (Hg.): Frankreichs Kulturpolitik in Deutschland, 1945-1950, Tübingen 1987, S. 319-332.

——: Carlo Schmid und das Grundgesetz, Der Beitrag Carlo Schmids zur Entstehung der Bundesrepublik Deutschland, in: Taddey, Gerhard (Hg.): Carlo Schmid, Mitgestalter der Nachkriegsentwicklung im deutschen Südwesten, Symposium anläßlich seines 100. Geburtstags am 7. Dezember 1996 in Mannheim, Stuttgart 1997, S. 85-101.

Irek, Joachim: Mannheim in den Jahren 1945-1949, Geschichte einer Stadt zwischen Diktatur und Republik, Stuttgart/ Berlin/ Köln u.a. 1983.

Kautsky, Karl: Die Intelligenz und die Sozialdemokratie, in: Die Neue Zeit 13 (1894-95) 1, S. 10-16, 43-49, 74-80.

Kleinau, Elke: Gleichheit oder Differenz?, Theorien zur höheren Mädchenbildung, in: Dies./ Opitz, Claudia (Hg.): Geschichte der Mädchen- und Frauenbildung, Bd. 2, Vom Vormärz bis zur Gegenwart, Frankfurt am Main/ New York 1996, S. 113-128.

Klinger, Anne-Marie: Hedwig Wachenheim und die Entwicklung der Arbeiterwohlfahrt in der Weimarer Republik Diplomarbeit, Technische Universität Dresden, Fakultät für Erziehungswissenschaften, Institut für Sozialpädagogik und Sozialarbeit, Dresden, unveröffentlicht, eingesehen im Archiv für soziale Demokratie der Friedrich-Ebert-Stiftung 1997.

Klotzbach, Kurt: Der Weg zur Staatspartei, Programmatik, praktische Politik und Organisation der deutschen Sozialdemokratie 1945 bis 1965, Berlin/ Bonn 1982.

Kocka, Jürgen: Zurück zur Erzählung?, Plädoyer für historische Argumentation, in: Geschichte und Gesellschaft 10 (1984), S. 395-408.

——: Einleitung, in: Ders. unter Mitarbeit von Elisabeth Müller-Luckner (Hg.): Arbeiter und Bürger im 19. Jahrhundert, Varianten ihrer Verhältnisse im europäischen Vergleich, München 1986, S. IV-XIV.

——: Bürgertum und Bürgerlichkeit als Probleme der deutschen Geschichte vom späten 18. zum frühen 20. Jahrhundert, in: Ders. (Hg.): Bürger und Bürgerlichkeit im 19. Jahrhundert, Göttingen 1987, S. 21-63.

——: Das europäische Muster und der deutsche Fall, in: Ders. (Hg.): Bürgertum im 19. Jahrhundert, Bd. I: Einheit und Vielfalt Europas, Göttingen 1995, S. 9-75.

Koselleck, Reinhart: Wiederholungsstrukturen in Sprache und Geschichte, in: Saeculum 57 (2006) 1, S. 1-15.

Langewiesche, Dieter: Liberalismus, Frankfurt am Main 1988.

Langewiesche, Dieter: Liberale Traditionen im deutschen Südwesten, Landeszentrale für politische Bildung (Hg.): Baden-Württemberg, Eine politische Landeskunde, Teil II, Stuttgart 1991, S. 27-42.

Lasker, Schüler, Else: Unser Café, Ein offener Brief an Paul Block, in: Werke und Briefe, Kritische Ausgabe Band 3.1, Prosa 1903-1920, bearbeitet von Ricarda Dick, Jüdischer Verlag 1998, S. 291-292.

Leber, Georg: Carlo Schmid - ein Demokrat und Patriot, in: Friedrich-Ebert-Stiftung (Hg.): Europa und die Macht des Geistes, Gedanken über Carlo Schmid (1896-1979), Bonn 1997, S. 191-202.

Lepsius, Rainer M.: Parteiensystem und Sozialstruktur, Zum Problem der Demokratisierung der deutschen Gesellschaft, in: Ritter, Gerhard Albert (Hg.): Die deutschen Parteien vor 1918, Köln 1973, S. 56-80.

Linke, Angelika: Sprachkultur und Bürgertum Zur Mentalitätsgeschichte des 19. Jahrhunderts, Stuttgart 1996.

Loreck, Jochen: Wie man früher Sozialdemokrat wurde, Das Kommunikationsverhalten in der deutschen Arbeiterbewegung und die Konzeption der sozialistischen Parteipublizistik durch August Bebel, Bonn 1977.

Lösche, Peter: Ernst Heilmann (1881-1940), Parlamentarischer Führer und Reformsozialist, in: Ders./ Scholing, Michael/ Walter, Franz (Hg.): Vor dem Vergessen bewahren, Lebenswege Weimarer Sozialdemokraten, Berlin 1988, S. 99-120.

——/ Walter, Franz: Zur Organisationskultur der sozialdemokratischen Arbeiterbewegung in der Weimarer Republik, Niedergang der Klassenkultur oder solidargemeinschaftlicher Höhepunkt?, in: Geschichte und Gesellschaft 15 (1989), S. 511-536.

——/ Walter, Franz: Die SPD, Klassenpartei, Volkspartei, Quotenpartei, Darmstadt 1992.

Lütjen, Torben: Karl Schiller (1911 - 1994), "Superminister" Willy Brandts, Bonn 2007.

Lutz, Burkhart: Integration durch Aufstieg, Überlegungen zur Verbürgerlichung der deutschen Facharbeiter in den Jahrzehnten nach dem Zweiten Weltkrieg, in: Hettling, Manfred/ Ulrich, Bernd (Hg.): Bürgertum nach 1945, Hamburg 2005, S. 284-309.

Mann, Golo: Die alte und die neue Historie, in: Podewils, Clemens Graf (Hg.): Tendenzwende? Zur geistigen Situation in der Bundesrepublik Stuttgart 1975, S. 41-58.

Mannheim, Karl: Das Problem der Generationen, in: Kölner Vierteljahreshefte für Soziologie 7 (1928) 2, 4, S. 157-185, 309-330.

Mergel, Thomas: Zwischen Klasse und Konfession Katholisches Bürgertum im Rheinland 1794 - 1914, Göttingen 1994.

Merseburger, Peter: Der schwierige Deutsche Kurt Schumacher, Eine Biographie, 3. Aufl., Stuttgart 1996.

——: Immer ein Hauch von Paulskirche, Zum hundertsten Geburtstag von Carlo Schmid, in: Neue Gesellschaft/ Frankfurter Hefte 43 (1996) 12, S. 1078-1081.

——: Willy Brandt 1913-1992, München 2004.

Meyer, Christoph: Herbert Wehner, Biographie, München 2006.

Miller, Susanne: Toni Sender (1988-1964), Vielseitige Erfahrungen und praktischer Idealismus, in: Lösche, Peter/ Scholing, Michael/ Walter, Franz (Hg.): Vor dem Vergessen bewahren, Lebenswege Weimarer Sozialdemokraten, Berlin 1988, S. 315-331.

Möller, Horst: Parlamentarismus in Preußen 1919-1932, Düsseldorf 1985.

Monat, Anneliese: Sozialdemokratie und Wohlfahrtspflege, Ein Beitrag zur Entstehung der Arbeiterwohlfahrt, Stuttgart 1961.

Mühlhausen, Walter: Treuhänder des deutschen Volkes, Die Ministerpräsidenten im Interregnum, in: Ders./ Cornelia, Regin (Hg.): Treuhänder des deutschen Volkes, Die Ministerpräsidenten der westlichen Besatzungszonen nach den ersten freien Landtagswahlen, Politische Porträts, Kassel 1991, S. 7-34.

Müller, Gebhard: Württemberg-Hohenzollern 1954 bis 1952, in: Gögler, Max/ Gregor, Richter in Verbindung mit Ders. (Hg.): Das Land Württemberg-Hohenzollern 1945-1952, Darstellungen und Erinnerungen, Sigmaringen 1982, S. 13-29.

Nipperdey, Thomas: Wie das Bürgertum die Moderne fand, Berlin 1988.

——: Deutsche Geschichte 1866 - 1918, Arbeitswelt und Bürgergeist, Bd. 1, München 1994.

Nüske, Gerd Friedrich: Neubeginn von oben, Staatssekretariat und Landesregierung, in: Gögler, Max/ Gregor, Richter in Verbindung mit Müller, Gebhard (Hg.): Das Land Württemberg-Hohenzollern 1945-1952, Darstellungen und Erinnerungen, Sigmaringen 1982, S. 80-110.

——: Württemberg-Hohenzollern als Land der französischen Besatzungszone in Deutschland 1945-1952, Bemerkungen zur Politik der Besatzungsmächte in

Südwestdeutschland, in: Zeitschrift für Hohenzollerische Geschichte 18 (1982), S. 179-278.

Oeltzen, Anne-Kathrin/ Forkmann, Daniela: Charismatiker, Kärrner und Hedonisten, Die Parteivorsitzenden der SPD, in: Forkmann, Daniela/ Schlieben, Michael (Hg.): Die Parteivorsitzenden in der Bundesrepublik Deutschland 1949 - 2005, Wiesbaden 2005, S. 64-118.

Peukert, Detlev J.K.: Die Weimarer Republik, Krisenjahre der klassischen Moderne, Frankfurt am Main 1987.

Pfaffenberger, Hans: Helene Simon, in: Eggemann, Maike/ Hering, Sabine (Hg.): Wegbereiterinnen der modernen Sozialarbeit, Texte und Biographien zur Entwicklung der Wohlfahrtspflege, Weinheim, München 1999, S. 111-132.

Puschnerat, Tânia: Clara Zetkin, Bürgerlichkeit und Marxismus, Eine Biographie, Essen 2003.

Raberg, Frank: Hedwig Wachenheim (1981 bis 1969), Kein Leben als "höhere Tochter", in: Beiträge zur Landeskunde von Baden-Württemberg (2001) 4, S. 18.

Ratz, Ursula: Zwischen Arbeitsgemeinschaft und Koalition, Bürgerliche Sozialreformer und Gewerkschaften im Ersten Weltkrieg, München 1994.

Renger, Annemarie: Ein politisches Leben, Erinnerungen, Stuttgart 1993.

Richter, Johannes Karl: Die Reichszentrale für Heimatdienst, Geschichte der ersten politischen Bildungsstelle in Deutschland und Untersuchung ihrer Rolle in der Weimarer Republik, Berlin 1963.

Ritter, Gerhard/ Tenfelde, Klaus: Arbeiter im Deutschen Kaiserreich 1971 bis 1914, Bonn 1992.

Roemer, Friedrich: Der Aufbau der Staatsverwaltung, Staatssekretariat und Landesregierung, in: Gögler, Max/ Gregor, Richter in Verbindung mit Müller, Gebhard (Hg.): Das Land Württemberg-Hohenzollern 1945-1952, Darstellungen und Erinnerungen, Sigmaringen 1982, S. 111-120.

Sachße, Christoph/ Tennstedt, Florian: Geschichte der Armenfürsorge in Deutschland, Fürsorge und Wohlfahrtspflege 1871 bis 1929, Bd. 2, Stuttgart/ Berlin/ Köln u.a. 1988.

Saldern, Adelheid von: Bürgerliche Repräsentationskultur, Konstanz und Wandel der Wohnformen im Deutschen Reich und in der Bundesrepublik (1900-1980), in: Historischen Zeitschrift (2007) 284, S. 345-383.

Schmid, Carlo: Goethe als Wegweiser zu mir selbst, in: Ders.: Europa und die Macht des Geistes, Gesammelte Werke in Einzelausgaben, Bd. 2, Bern/ München/ Wien 1973, S. 357-375.

——: Erinnerungen, München 1979.

——: Die deutschen Bildungsschichten und die Politik, in: Ders.: Politik muß menschlich sein, Politische Essays, Bern/ München 1980, S. 80-102.

Schmid, Martin: Erinnerungen, in: Knipping, Franz/ Le Rider, Jacques unter Mitarbeit von Mayer, Karl J. (Hg.): Frankreichs Kulturpolitik in Deutschland, 1945-1950, Tübingen 1987, S. 301-310.

Schmölders, Ralf: Anna Siemsen (1882-1951), Zwischen den Stühlen: eine sozialdemokratische Pädagogin, in: Lösche, Peter/ Scholing, Michael/ Walter, Franz (Hg.): Vor dem Vergessen bewahren, Lebenswege Weimarer Sozialdemokraten, Berlin 1988, S. 332-361.

Schönhoven, Klaus: Wendejahre, Die Sozialdemokratie in der Zeit der Großen Koalition 1966-1969, Bonn 2004.

Schulz, Andreas: Mäzenatentum und Wohltätigkeit - Ausdrucksformen bürgerlichen Gemeinsinns in der Neuzeit, in: Kocka, Jürgen/ Frey, Manuel (Hg.): Bürgerkultur und Mäzenatentum im 19. Jahrhundert Berlin 1998, S. 240-263.

Schulz, Klaus-Peter: Adenauers Gegenspieler, Begegnung mit Kurt Schumacher und Sozialdemokraten der ersten Stunde, Freiburg/ Basel/ Wien 1989.

——: Authentische Spuren, Begegnungen mit Personen der Zeitgeschichte, Boppard am Rhein 1993.

Schulze, Martin: Zeitzeugen über Carlo Schmid, in: Haus der Geschichte der Bundesrepublik Deutschland (Hg.): Carlo Schmid und seine Politik, Bonn 1997, S. 111-114.

Seitz, Norbert: Die Kanzler und die Künste, Die Geschichte einer schwierigen Beziehung, München 2005.

Soell, Hartmut: Fritz Erler, Eine politische Biographie, Bd. I, Berlin/ Bonn, Bad Godesberg 1976.

Stach, Reiner: Kafka, Jahre der Entscheidung, Frankfurt am Main 2004.

Staudinger, Hans: Wirtschaftspolitik im Weimarer Staat, Lebenserinnerungen eines politischen Beamten im Reich und in Preußen 1889 bis 1934, Schulze, Hagen (Hg.), Bonn 1982.

Thomas, Michael: Deutschland, England über alles, Rückkehr als Besatzungsoffizier, Berlin 1984.

Trepp, Ann-Charlott: Emotionen und bürgerliche Sinnstiftung oder die Metaphysik des Gefühls, Liebe am Beginn des bürgerlichen Zeitalters, in: Hettling, Manfred/ Hoffmann, Stefan-Ludwig (Hg.): Der bürgerliche Wertehimmel, Innenansichten des 19. Jahrhunderts, Göttingen 2000, S. 23-55.

Troeger, Heinrich: Interregnum, Tagebuch des Generalsekretärs des Länderrates der Bizone 1947-1949, Benz, Wolfgang/ Goschler, Constantin (Hg.), München 1985.

Vitzthum, Wolfgang Graf: Der Dichter und der Staat, Zum Aufeinander-Angewiesensein von Politik und Literatur in Deutschland, in: Dichter und Staat, Über Geist und Macht in Deutschland, Eine Disputation zwischen Walter Jens und Wolfang Graf Vitzthum, Berlin/ New York 1991, S. 5-49.

Volkov, Shulamit: Die Verbürgerlichung der Juden in Deutschland Eigenart und Paradigma, in: Kocka, Jürgen (Hg.): Bürgertum im 19. Jahrhundert, Bd. 3: Verbürgerlichung, Recht und Politik, Göttingen 1995, S. 105-133.

Wachenheim, Hedwig: Einleitung, in: Dies. (Hg.): Ludwig Frank, Aufsätze, Reden und Briefe, Berlin 1924, S. 5-16.

——: Die Schulung für die Wohlfahrtsarbeit, in: Hauptausschuss der Arbeiterwohlfahrt (Hg.): Zweite Reichskonferenz des Hauptausschusses, der Bezirks-, Kreis- und Ortsausschüsse für Arbeiterwohlfahrt am 12. September 1924, in Hannover, im Beethovensaal der Stadthalle, Konferenz des Hauptausschusses und der Bezirksvertreter am 4. Januar 1925 in Berlin, Berlin 1925, S. 23-28.

——: Frauen und Politik, Eine Einführung, Reichsausschuß für Sozialistische Bildungsarbeit (Hg.), Berlin 1926.

——: Republik und Wohlfahrtspflege, Rededisposition, Hauptausschuss für Arbeiterwohlfahrt (Hg.), Berlin 1927.

——: Die deutsche Arbeiterbewegung 1844 bis 1914, Opladen 1971.

——: Vom Großbürgertum zur Sozialdemokratie, Memoiren einer Reformistin, Berlin 1973.

Walter, Franz: Siegfried Marck (1989-1957), Linkssozialist, Realpolitiker und Neuhumanist, in: Lösche, Peter/ Scholing, Michael/ Ders. (Hg.): Vor dem Vergessen bewahren, Lebenswege Weimarer Sozialdemokraten, Berlin 1988, S. 251-279.

——: Sozialistische Akademiker- und Intellektuellenorganisationen in der Weimarer Republik, in: Lösche, Peter (Hg.): Solidargemeinschaft und Milieu: Sozialistische Kultur- und Freizeitorganisationen in der Weimarer Republik, Bd. 1, Bonn 1990.

——: Die SPD, Vom Proletariat zur Neuen Mitte, Berlin 2002.

Watzinger, Karl Otto: Ludwig Frank: Ein deutscher Politiker jüdischer Herkunft, Quellen und Darstellungen zur Mannheimer Stadtgeschichte Nr. 3, Sigmaringen 1995.

Weber, Petra: Carlo Schmid 1896-1979, Eine Biographie, München 1996.

——: Carlo Schmid und Adolf Arndt, Zwei Intellektuelle in der SPD, ein Fallbeispiel, in: Alemann, Ulrich von/ Cepl-Kaufmann, Gertrude/ Hecker, Hans u.a. (Hg.): Intellektuelle und Sozialdemokratie, Opladen 2000, S. 167-179.

Wehler, Hans-Ulrich: Die Geburtsstunde des deutschen Kleinbürgertums, in: Puhle, Hans-Jürgen (Hg.): Bürger in der Gesellschaft der Neuzeit, Göttingen 1991, S.199-209.

――: Deutsches Bürgertum nach 1945: Exitus oder Phönix aus der Asche?, in: Geschichte und Gesellschaft 27 (2001) 4, S. 617-634.

Welskopp, Thomas: Das Banner der Brüderlichkeit, Die deutsche Sozialdemokratie vom Vormärz bis zum Sozialistengesetz, Bonn 2000.

Wengst, Udo: Staatsaufbau und Regierungspraxis 1948-1953, Zur Geschichte der Verfassungsorgane der Bundesrepublik Deutschland, Düsseldorf 1984.

Wenzel, Cornelia: Jeanette Schwerin, in: Eggemann, Maike/ Hering, Sabine (Hg.): Wegbereiterinnen der modernen Sozialarbeit, Texte und Biographien zur Entwicklung der Wohlfahrtspflege, Weinheim/ München 1999, S. 46-62.

Werner, Hermann: Tübingen 1945, Eine Chronik, Bearbeitet und mit einem Anhang versehen von Manfred Schmid, Stuttgart 1986.

Wickert, Christl: Unsere Erwählten, Sozialdemokratische Frauen im Deutschen Reichstag und im Preußischen Landtag 1919-1933, Bd. 1, Göttingen 1986.

Winkler, Heinrich August: Von der Revolution zur Stabilisierung, Arbeiter und Arbeiterbewegung in der Weimarer Republik 1918 bis 1924, Berlin/ Bonn 1984.

――: Der Schein der Normalität, Arbeiter und Arbeiterbewegung in der Weimarer Republik 1924 bis 1930, Berlin/ Bonn 1985.

――: Der Weg in die Katastrophe, Arbeiter und Arbeiterbewegung in der Weimarer Republik 1930 bis 1933, Berlin/ Bonn 1987.

Wippermann, Klaus W. : Politische Propaganda und staatsbürgerliche Bildung, Die Reichszentrale für Heimatdienst in der Weimarer Republik, Bonn 1976.

Witter, Ben: "Es hat mir an der nötigen Härte gefehlt" Carlo Schmid, in: Ders. (Hg.): Spaziergänge mit Prominenten, Hamburg 1982, S. 17-25.

Wolfrum, Edgar: Französische Besatzungspolitik und deutsche Sozialdemokratie, Politische Neuansätze in der »vergessenen Zone« bis zur Bildung des Südweststaates 1945-1952, Düsseldorf 1991.

——: Deutschland, Frankreich, Europa, Frühe europapolitische Pläne Carlo Schmids, in: Taddey, Gerhard (Hg.): Carlo Schmid, Mitgestalter der Nachkriegsentwicklung im deutschen Südwesten, Symposium anläßlich seines 100. Geburtstags am 7. Dezember 1996 in Mannheim, Stuttgart 1997, S. 43-57.

——: Die geglückte Demokratie, Geschichte der Bundesrepublik Deutschland von ihren Anfängen bis zur Gegenwart, Stuttgart 2006.

Zeller, Susanne: Wachenheim, Hedwig, in: Maier, Hugo (Hg.): Who ist who der sozialen Arbeit, Freiburg 1998, S. 605-606.

# *Abonnement*

Hiermit abonniere ich die Reihe **Göttinger Junge Forschung (ISSN 2190-2305)**, herausgegeben von Dr. Matthias Micus,

- ❏ ab Band # 1
- ❏ ab Band # ___
  - ❏ Außerdem bestelle ich folgende der bereits erschienenen Bände:
    #___, ___, ___, ___, ___, ___, ___, ___, ___, ___, ___, ___

- ❏ ab der nächsten Neuerscheinung
  - ❏ Außerdem bestelle ich folgende der bereits erschienenen Bände:
    #___, ___, ___, ___, ___, ___, ___, ___, ___, ___, ___, ___

- ❏ 1 Ausgabe pro Band        ODER        ❏ ___ Ausgaben pro Band

Bitte senden Sie meine Bücher zur versandkostenfreien Lieferung innerhalb Deutschlands an folgende Anschrift:

*Vorname, Name:* _____

*Straße, Hausnr.:* _____

*PLZ, Ort:* _____

*Tel. (für Rückfragen):* _____ *Datum, Unterschrift:* _____

## Zahlungsart

- ❏ *ich möchte per Rechnung zahlen*
- ❏ *ich möchte per Lastschrift zahlen*

bei Zahlung per Lastschrift bitte ausfüllen:

Kontoinhaber: _____

Kreditinstitut: _____

Kontonummer: _____ Bankleitzahl: _____

Hiermit ermächtige ich jederzeit widerruflich den ***ibidem***-Verlag, die fälligen Zahlungen für mein Abonnement der Schriftenreihe **Göttinger Junge Forschung** von meinem oben genannten Konto per Lastschrift abzubuchen.

*Datum, Unterschrift:* _____

Abonnementformular entweder **per Fax** senden an: **0511 / 262 2201** oder 0711 / 800 1889
oder als **Brief** an: *ibidem*-Verlag, Julius-Leber Weg 11, 30457 Hannover oder
als e-mail an: ibidem@ibidem-verlag.de

***ibidem*-Verlag**

Melchiorstr. 15

D-70439 Stuttgart

info@ibidem-verlag.de

www.ibidem-verlag.de
www.ibidem.eu
www.edition-noema.de
www.autorenbetreuung.de

www.ingramcontent.com/pod-product-compliance
Lightning Source LLC
Chambersburg PA
CBHW070738230426
43669CB00014B/2494